JN438480

기도하는 나무

기도하는 나무

조윤수 수필집

수필과비평사

작가의 말

봄이 오네

사람 많은 곳에 가지 않아야 해서 산기슭을 찾아 다녔다. 햇살 좋은 어느 날 가까운 편백숲을 찾았다. 어지러운 봄바람이 세찼지만, 숲속은 아늑하고 숨쉬기 좋았다. 멀리서 개나리가 손짓하고 박태기나무 꽃도 낯붉히고 벚꽃도 피기 시작했다. 나물 캐는 내 손길을 붙잡은 양지꽃과 털노랑이 꽃. 뒷산을 오르다가 계단 틈에서 제비꽃을 발견했다. '꽃을 보면 눈물이 난다'는 시인의 말이 떠올라 나도 눈물이 날 것 같았다. 하늘의 눈물 꽃인 양 땅의 눈물인 양 솟아난 제비꽃이 가슴을 파고들었다.

대구에서 신종코로나 감염증으로 사망자와 확진자가 늘어난다는 소식은 놀랍고 두려웠다. 봄이 오는 길목이건만, 춥고 슬펐다. 부산에서 올라온다는 언니도 걸음을 멈추고 말았다. 언제였던가, 탄천의 벚꽃 길을 같이 걸었던 그미는 영 돌아오지 않을 것이다. 함께 피어서 아름다운 수만 송이 개나리와 벚꽃. 소복소복 쌓인 낙엽 밑에서 솟아난 제비꽃들. 그들은 코로나를 모르니 마스크가 필요 없이 어지러운 바람에도 흔들리며 웃었다. 나도 꽃들을 만나게 되면 민망해서 마스크를 벗는다. 코로나를 모른 채 꽃들은 어김없이 때맞추어 피어나서 나를 맞이해주고 희망을 주었다.

강물에는 물오리들이 세상모르고 유유히 미끄럼을 타고, 새들은 철없이 노래 부르며 날고 있다. 죄 없이 이 땅에 오는 새봄에게 용서를 구해야 할까. 문명에 찌든 우리의 죄를 용서해달라고. 미안해서도 눈물이 날 것 같다. 인간들의 죄와 탐욕으로 불러들인 신종 코로나바이러스가 아닌가. 목련의 맑고 우아한 자태를 보면 우리 인간들의 탐욕이 부끄러워진다. 용서해다오, 마스크로 가려지지 않는 인간의 이기심을. 목련처럼, 봄꽃들처럼 조용히 피어서 제 몫을 다하고 가는 삶이기를 바란다.

조선의 문인 서유구도 수락산을 다녀와서 말했다. 흉년이 들어서 조정에서는 구휼 책을 펴고 있는데 자신도 주방에 일러 죽을 쑤어먹겠다고…. 그러나 배고픔은 참을 수 있으나 아름다운 꽃과 신록의 산은 잊을 수 없다고 했다.

사람은 하늘의 비밀을 다 알 수 없지만, 자연의 현상이 다채롭기 그지없음은 조금 알 수 있다. 하늘은 숨겨진 보물로 가득하다고 우주과학자가 말했으니 하늘과 땅이 지배하는 자연을 거스르지는 말아야 할 일이다. 새들은 노래를 부르도록 태어난 피조물이고, 하늘과 땅은 인간의 정신이 새로운 양분을 취하는 데 모자람이 없게 하기 위한 것이라고….

함께 피어서 아름다운 벚꽃은 떠나가지만, 또 함께 피어서 아름다운 붉은 철쭉이 피어난다. 싱그러운 신록의 산을 바라보며 꽃길을 지나는 길에서 함께 노래하고 함께 웃을 날은 조화로운 삶의 길 위에 있으리라.

‘눈물은 꽃이다. 마음 꽃이다’ 제비꽃을 볼 때 눈물이 날 것 같은 마음. 꽃들이 사라진 곳에 새잎이 나고 산은 연둣빛 물감이 몽실몽실 번지고 있다. 나도 어제의 내가 아니고 내일로 가는 길목에서 변해가고 있겠다. 어디로 흘러가는지 그 길이 바르고 맑은 마음 꽃길이기를 바란다.

차례

|책 머리말|

1부 하늘을 품은 그릇

2부 꽃으로 말하다

3부 꽃나무의 영혼

4부 기도하는 나무

5부 가을 소리

1부
하늘을 품은 그릇

하늘을 품은 그릇

아름답다. 저토록 흠잡을 데가 없는 빛깔을 가진 꽃병이라니! 볼 때마다 마음의 울림이 있다. 정작 그 꽃병에 한 송이 꽃을 마음으로만 꽂아볼 수밖에 없는, 국보 '민무늬과형청자병'. 중앙박물관에 가야만 볼 수 있는 내가 찜한 나만의 짝사랑 보물, 유리 상자 안에 박제된 하늘이다. 마음이 고요해진다.

새롭게 만난 찻사발 하나. 은은한 청잣빛, 그 빛을 일러 비췻빛이라 이르는가. 여인이 간결하고 매끄러운 옷을 걸쳐 입은 듯, 유약을 입고 혹독한 불기운을 견뎌낸 청자 그릇. 하늘을 담은 그릇 안에 그려진 물가 풍경에서 노니는 오리와 사람. 비췻빛 청자 사발에 가루차를 넣고 저어서 거품을 내면 하늘 가득 설록의 꽃이 피어나리라. 두 손으로 그 빛의 온기를 감싸고 서정이 흐르는 물가에서 그들과 노닐고 싶다.

태초에 신이 인간을 흙으로 빚어서 영혼을 불어넣었다고 했던가. 그래서 인류가 처음 만든 그릇이 빗살무늬토기나 민무늬토기 같은 그릇이었을까. 나도 본래 흙에서 왔다는 깨달음에 놀란다. 조상 대대로 흙에서 나와 흙으로 돌아간, 헤아릴 수 없는 시공간에 걸쳐 쌓였던 흙이었다. 얼마나 많은 생명의 결정체들이 모여서 쌓이고 걸러져서 저런 보드라운 흙이 되었던가. 하늘을 품지 않을 수 없는 흙이었다. 하늘 아래 땅 위 만물의 본질이 하나였으니, 흙으로 빚은 그릇 앞에 나도 몰래 끌려들어 가는 까닭인가.

청자는 밖의 표면에 푸른 유약을 칠해 나오는 단지 푸른빛만은 아닌 비췻빛이다. 백자 그릇도 백자이면서 새하얗지만 않고 안에서 펴져 나오는 맑은 우윳빛 은은함이 있다. 청자도 아니고 백자도 아닌 그릇. 차라리 덤벙 유약에 담가버려서 그 위에 조화법이나 박지(剝地) 기법으로 물고기 문양이나 아름다운 차나무 꽃문양이라도 그려 넣어 다시 구우면 훌륭한 분청사기 작품이 될지도 모른다. 물레로 그릇을 돌리듯 삶이 굴러가는 동안 백자도 청자도 아닌 질그릇 같은 인생이 되었는가 싶다. 나의 그릇이 마음에 들지 않을 때는 이미 늦은 시기였음을 알아챘다.

수필은 청자연적이다. 혹은 민무늬 토기나 조선의 분청사기 같다고 말한 수필가도 있다. 수필이 곧 그의 인생이기 때문이다. 그동안 수필을 써왔지만, 성에 차는 것은 어느 것도 없는 것 같다. 청자 그릇같이 잘 빚지 못해서였다. 백자같이 맑지도 못하고 분청사기같이 예술적인 멋을 내지도 못한 탓이다. 문학은 작가의 인격이 반영된다고 한다. 문학적인 좋은 수필이 되지 못했지만, 수필은 작가의 인생이 담기는 것만은 사실이다. 그러하니 내 수필집에도 내 모습에 담긴 어떤 형상이 담겨져 있을지도 모른다. 그동안 썼던 수필을 다시 써서 차라리 덤벙 유약에 담가서 분청사기 같은 수필로 만들면 어떨까.

흠집 나거나 모자란 부분을 도려내고 그곳에 새 흙을 채우고 알맞은 그림을 그리고 색을 칠해보면 좋은 상감 도자기 같은 작품으로 될 것도 같다. 하지만 그런 고도의 기술을 연마하지 못했으니 모두 깨어버리고 싶은 도자기 같은 작품이 되고 말았다. 인생이 그렇게 잘 빚어지지 않았기 때문일까.

상감(象嵌)이란 뜻으로 보면, 금속이나 도자기 등의 표면에 여러 가지 무늬를 파서 그 속에 금은 등, 바탕흙을 넣어 채우는 기술로 된 작품을 말한다. 우리나라의 청자 상감은 중국의 청자의 기술을 받아들여 와서 발달한 우리 고유의 청자 기법으로 세계 유일한 기술이다. 상감하는 수필 기법을 익혀야 했다.

도자기 제작은 처음 태토를 가지고 그릇의 형태를 잘 만들었다 치더라도 가마불의 온도에 따라 영향을 받는다. 도자기라면 천도가 넘는 온도에서 구워내야 한다. 불의 영향에 따라서 좋은 작품으로 완성되기란 쉽지 않다. 구워낸 도자기들을 무수히 부숴버리고 다시 구우면서 온전한 작품을 건지기가 쉽지 않다고 한다.

사람의 육체는 내 마음에 들지 않아도 그릇처럼 부수고 다시 만들 수가 없지 않은가. 그러나 정신은 도자기가 그토록 뜨거운 불의 연단으로 태어나듯 그만한 값의 연단이 필요했다. 정신과 마음의 상태에 따라서 겉모양도 변하는 것이 또한 사람이다. 살면서 넘어왔던 인생의 고난이 그런 연단이었다. 무사히 넘어온 뜨거운 고통의 수련은 어떤 정신의 무늬가 만들어졌으리라.

배우들은 그 역할에 따라서 모습이 달라진다. 미인도 악한 역할을 하면 미워진다. 별로 아름답지 않은 배우도 좋은 역할을 하면 모습이 아름다워진다. 사람의 마음이 달라지면 그 얼굴과 모습이 달라지는 것을 알 수 있다. 그러하니 도공이 작품을 만들 듯이 사람의 몸에 새 정신과 마음을 빚어 넣을 일이다. 어디까지 해야 완성이 될지도 알 수 없다. 완성이란 있을 수 없는 것이 또한 인생이니 다만 끝까지 노력할 뿐이지 싶다.

인간은 40이 넘으면 자기 얼굴에 책임을 져야 한다는 말은 그런 뜻이었다. 이제 더 새로이 빚을 수도 없이 와버린 인생이어서 마무리 작업이라도 잘해야 하지 않을까 싶다. 그래도 인생 끝까지 청자 상감을 빚듯이 정신을 상감하는 기술을 높여서 상처가 영광이 되는 그릇이 되도록 애쓸 일이다. 새 정신이 담길 그릇에 빛을 새겨 넣듯이.

풍경 도둑

잠시 빗소리가 잠잠해진다. 이틀이나 계속 비가 많이 쏟아진 뒤다. 동네 산책을 나간다. 하천물이 폭포 소리를 내며 달려가고 있다. 두 사람은 둑에서 강물만 바라보고 집으로 되돌아갔지만, 나는 둑길에서 시원하게 물소리를 들으며 풍경의 일원이 되고 싶다.

장마철에 한강 물이 황갈색이 되어 흐르는 풍경이 사자 떼가 고개를 흔들면서 달려 내려가는 것 같다고 했던가. 소리를 질러대며 흘러가는 하천은 거대한 흙탕물 강이 되었다. 나는 하천 물의 몸집이 너무 어마어마해서 망연히 바라볼 뿐이다. 아무튼 성난 신종 동물 같아 보인다. 신종 코로나에, 신종 장맛비에, 신종 태풍까지 예비 되어 있다. 바야흐로 신종 시대를 맞고 있다.

어느 날도 비가 갠 틈에 신평천으로 나가보았다. 그곳은 다리 밑에서 쉴 수도 있고 걷는 길도 조성된 곳이다. 자동차도 드나드는 강변이고 낚시터가 있으며 가을이면 코스모스 밭이 되기도 한다. 사선대에서 내려오는 물이 흐르는 곳이어서 섬진강 상류라고 불린다. 그 다리는 교토 아라시야마의 도월교와 같이 다리 난간이 나무로 되어 있지는 않지만, 달이 뜨면 도월교를 건너는 것 같은 생각이 든다. 그날 황갈색 물이 다리 난간 밑까지 차여서 다리 밑은 커녕, 그전의 강바닥을 상상하기 어려웠다.

구경 중에 가장 재미있는 구경이 물 구경, 불구경, 쌈 구경이란 말이 있단다. 어쨌든 지난번에 아파트 앞 동에서 연기가 뿜어져 나오기에 나가 보았다. 입구 쪽 102동 8층에서 불이 나서 불길이 창 밖으로 비쳤다. 불이 꺼지고 검은 연기가 차일 때까지 그 추이를 구경한 적이 있다. 그리고 불조심에 대한 경각심을 다시 다졌다. 물과 불은 인간 생활의 기본이 되는 원소이지만, 잘 못 사용하면 가장 무서운 대상이기도 하다.

54일이라는 장마 기간은 처음이라서 나도 자주 가던 신평천으로 나갔던 것이다. 다음 마을의 다리까지 가보려고 벚나무 길을 달렸는데 한쪽은 산이고 한쪽은 강변에 인접한 길이다. 산 쪽에서는 계속 물이 쏟아져서 자동차 바퀴가 물에 잠기는 곳이 있었다. 비 올 때 그런 길에 나가지 않아야 하겠다고 생각했다. 낮은 산이면 그래서 산사태가 나는 것이구나 하며 산기슭이 무너진 현장이 떠올랐다.

그날 저녁 뉴스에 전국 각지의 수해 소식이 연달아 이어졌다. 그 정도일 줄은 어찌 알겠는가. 전국의 하천과 강이 범람하여 마을이 온통 바닷물에 잠겨버린 곳이 많았다. 가장 실감 나는 곳은 매년 벚꽃 길로 유명한 쌍계사 길이었다. 황갈색 물이 가득 찬 그 넓은 하천이 섬진강과 합류하여 화개장터 마을이 온통 물속에 잠겼다. 아름다운 벚나무 밑에서 사진도 찍었던 하천가의 푸른 차밭 풍경도 흙탕물에 망가졌겠다.

수해를 입고 온 집이 박살이 난 곳도 많고 마을 전체가 물에 잠겼으니 그 복구는 얼마나 어려울 것인가. 복구 현장이 전쟁의 참화 장면 같았다. 그런 생각도 없이 물구경을 하고 있었던 것을 생각하자 부끄러운 마음이 잠시 들었다. 영화 선전을 보면 전쟁 영화가 끊이지 않게 많다. 인류의 역사가 전쟁 역사여서 그런가 싶다. 자신만 위험하지 않으면 전쟁이 가장 재미있는 것이라는 말도 있다. 싸움 영화를 만들어서 다른 싸움을 조장하는 일이 될지 전쟁을 예방하는 일이 될지 모르겠다. 전쟁 같은 장마, 수해 복구마저 마치 전장 같을지도 모른다. 그러나 재미있는 영화 장면은 결코 아닐 터…

아무 일도 안 하느니보다는 도둑질이라도 하는 것이 낫다니? 그런 유명한 말이 있다는 것도 장마 기간에 듣는다. 코로나 사태 때문에 자원봉사 일도 멈추었다. 나야말로 돈 되는 일이란 아무것도 없이 내 밥 먹는 일이라도 잘해야 한다. 나야말로 풍경 도둑질이라도 해야 할 것인가? 나를 살리는 일이라면 말이다.

비가 한동안 그친 것 같아서 늦은 오후 다시 동네 길을 걸었다. 전주시와 완주의 경계가 되는 대흥천 다리까지 걸어 나갔다. 버스 정류장 두 개를 지나야 다리까지 간다. 그 다리도 난간 밑까지 물이 찼다. 동네 사람들도 물 구경을 나왔다가 되돌아갔다. 나는 둑길을 걸었다. 강바닥에 선 버드나무들이 허리까지 차서 떠 있었다. 대흥천이 흘러 한벽당에서 서쪽을 흐르면서 전주천 상류가 된다.

황갈색 거대한 몸뚱이는 셀 수 없는 빗줄기들이 모여서 강을 이루고, 지류의 작은 물길에서 다른 물줄기와 합쳐져서 몸집을 불렸다. 작은 보를 내려갈 때는 무섭게 포효하듯 말갈기 같이 휘날리는 거품을 토해내며 뒤집어지듯 다시 몸집을 정비하여 고함을 지르며 흐른다. 나는 폭포수 쏟아지는 아우성을 뒤로 하고 하염없이 버스 정거장이 나오는 길까지 걸었다. 가끔 자전거 타는 사람이 지날 때는 서로 인사도 나눈다. 물소리에 맞춰 검은 잠자리가 계속 나를 앞에서 인도하고, 비에 젖은 달맞이꽃이 움츠리고 자귀나무 꽃은 이지러졌다. 사위질빵 꽃이 다른 나뭇등걸에 걸쳐서 향기를 뿜는다. 흰 왜가리마저 어디에 숨었다가 나왔는지 자유롭게 하늘을 유영하는 모습이 아름답다. 마주치는 나무와 꽃과 잠자리와 새들이 폭포 소리와 어울려 자연 경전을 독송하는 것 같다. 내 인생

또한 파란만장한 강물 역사의 한 대목처럼 흘러왔으리라. 기후 이변 현상은 자연의 순리에 어긋나는 풍경 도둑질이 만연해왔던 때문이 아닐까.

하는 일 없이 세월만 낡을 동안 풍경이라도 잡아야 할까. 힘들지만, 바라만 볼 일이 아니라, 풍경의 한 일원이 되어 풍경답게 자연을 보존하는 삶을 살아야 하지 않을까.

나비효과

고즈넉하다. 방문객이 가끔 눈에 띌 정도다. 궁궐 안은 본래 이렇게 조용해야 하는 것을, 그동안은 너무나 밀려가고 몰려오는 인파로 그 대열에 섞일 수가 없었다. 대나무 우거진 대문으로 들어가자 오른쪽 담장 옆이 환했다. 언젠가 설중매로 만났던 홍매가 활짝 피어서 반기는 것이 아닌가. 사고(史庫) 앞에 전설 같은, 세 가지의 등이 반달처럼 굽어진 청매가 꽃봉오리를 듬성듬성 수줍게 벌리고 있다. 세 개의 받침대로 가지를 겨우 받치고 있는 갸륵한 청매 나무다. 이 청매가 피어날 때는 관광객들이 운집하여 가까이하기 어려울 때도 있었건만, 오늘 나는 단둘이 만나 서로 위로의 마음을 나누게 되었다. 주위에는 백매도 몇 그루 더 있다. 오랜만에 일일이 눈길을 맞추면서 가슴에서 피어나는 애틋한 미소로 보답했다. 세상은 안타까운 뉴스가 많건만 이 고요한 작은 궁궐 뜨락에서 매향에 젖어 한가롭게 봄의 정취를 누릴 수 있는 아늑한 안도감은 무슨 효과인가.

새해 들어서 매일 신종코로나바이러스 감염 소식에 귀가 곤두섰다. 중국 우한에서 발생한 감염자의 사망자가 2월 11일 현재 600여 명에 달하고 감염자 수는 4만여 명을 기록하여 매일 확진자 수가 늘어나고 있었다. 중국 우한에서 처음으로 코로나바이러스를 예고했던 젊은 의사 리원량도 진료 중에 사망하고 말았다. 일본의 크루즈 선박에서도 단체 감염자가 많이 늘어난 채로 격리되어 요코하마 항구에 정박해 있다가 하선하여 일본에서도 지역 감염자가 많아졌다. 우리나라에는 31번 확진자 이후 주춤하는가 싶다가, 이후 대구의 신천지교회 신도들의 단체 감염자가 발생한 뒤에 걷잡을 수 없이 경북지역으로 번져서 만 명에 육박하려고 한다, 중국은 3월 들어서자 진정국면에 들어감으로 방역 세계를 단단히 하고 있다는 소식이다. 반면 유럽과 미국은 새로운 코로나19의 최대 발병지가 되고 있다. 거리에는 신종 인간상처럼 마스크를 쓰지 않으면 안 될 것처럼 모두 마스크를 쓰고 다닌다. 따라서 국가는 마스크 대란까지 감당해야 할 처지다.

비상시국 가운데서도 2월에는 기쁜 소식도 있었다. 〈기생충〉이란 영화였다. 〈기생충〉이 할리우드의 아카데미 수상에 진입하는 과정을 다큐멘터리로 제작하여 방송했다. 결국 아카데미 각본상,

최고작품상, 감독상, 국제장편영화상으로 4관왕의 주인공이 되어 세계인의 축하를 받았다. 방송 채널마다 메인 뉴스로 보도하여 이 날 하루는 '코로나19'를 잊을 수도 있었다. 〈Parasite〉는 세계인이 주목하는 영화가 되었다. 영화 제목에서부터 주제가 선명했다. 무거운 주제를 담고 있으면서도 코미디 스릴러 같은 재미도 있었다. 현대 사회현상을 생동감 있게 흥미로움을 더하여 예술성을 획득하고 상업적으로 성공한 작품으로 본다. 빈부 격차와 권력욕과 소유욕에서 빚어지는 사회 현상은 세계의 모든 국가의 공통된 과제이므로 관심을 받게 되었다. 또한 한국은 코로나19 방역체계에 대비하는 상황도 세계가 주목하고 있다. 방역 선도국으로 각지에서 러브콜을 받고 있다는 소식이다.

코로나바이러스 바람이 불어 닥쳐와서 기쁨과 고통이 교차하는 이 시대의 과제를 남겨주고 있다. 매일 미세먼지의 농도를 재며 주의해 왔지만, 코로나바이러스가 발생하여 생명을 위협하며 경고한다. 세계화된 이 지구촌의 어느 한 지점에서 일어나는 현상은 이제 나와 직접적인 문제가 되고 있지 않은가. 나비의 날갯짓 한 번이 반대편의 지구촌에 태풍을 일으키는 과정은 순식간이다.

코로나 19는 세계2차대전 뒤의 유럽의 《페스트》를 기억하게 한다. 알베르 카뮈는 고통과 절망에 빠진 사람들로 아수라장이 된 폐쇄된 도시에서 극한 상황에 처한 갖가지 인간 군상의 적나라

한 본성을 관찰하고 느낀 것을 기록했다. 결국 주인공의 입을 빌려 "인간에게는 경멸당할 것보다도 찬양받을 것이 훨씬 더 많다."고 역설했다. 인간의 존엄성과 작가의 긍정적인 사고방식이 분명하게 드러나는 전설적인 소설에서 카뮈는 고통과 절망 가운데 피어오르는 평범한 사람들의 뜨거운 인간애가 페스트를 극복하게 했다고 기록했다. 페스트는 그 당시 이전의 역사에도 일어났었고, 이후에도 변종 바이러스들로 일어났다.

지금 우리나라도 인간애를 실천하는 많은 사람과 꿋꿋하게 환난을 극복하는 시민들의 힘이 작용하고 있다. 이 문명 시대에 다시 악한 바이러스가 생긴 것은 우연이 아닌 것 같다. 오늘의 역경을 이겨내면서 우리는 자연을 거스르지 않고 바이러스와도 더불어 지낼 수 있는 대비책을 마련해야 하지 않을까.

햇볕이 따뜻하게 깔린 도로를 가만가만 걸어서 바로 옆에 있는 경기전으로 들어갔던 것이다. 한옥마을은 조용했다. 다른 때 같으면 담장 길에도 걷기 힘들 정도로 사람이 빽빽했을 터이건만, 요즈음은 한가한 거리가 되었다. 코로나19가 석 달째 비상상태이어서 사람들이 이동하지 않는 것이 실감 났다. 사회적 거리두기가 공간적 거리두기로 동시에 나타난다.

국난과 시련이 있을 때일수록, '나와 인생'을 사유하는 시간이 되어줄 것이기에, 때맞춰 인생을 조용히 돌아보고 사유할 시간이 생긴 것을 잘 써봐야 하리라! 어떤 인생도 평탄한 길은 없으며 어떤 생명도 소중하지 않은 생명은 없다. 그래도 우리는 너무 많은 걸 갖고 살았지 싶다. 지나치게 문명화된 사회에서 사람 · 재물 · 지식! 그 외도 많은 것을! 그러나 사유가 없이 살아서 자기 삶의 참다운 평강 행복이 없었던가. 조용히 기원하며 건강한 마음으로 살아가도록 해야겠다. 나비의 날갯짓 한번이 지구촌 전체를 재난의 폭풍으로 몰아갈 수도 있고 행복 바이러스로도 불어올 수도 있지 않은가. 지금은 이 나라와 세계가 비상이다. 같이 아프고, 더불어 회복해야겠다.

경기전 후원 뜨락 숲속의 새들은 세상모르고 재잘거렸다. 새들에게 방해되지 않게 풀꽃이 놀라지 않게 사뿐히 걸었다. 새들이 날아다니는 하늘과 풀꽃을 피운 땅심을 느끼며….

빛과 그림자

연못으로 들어서는 순간 내 마음의 깊은 강에 꽃잎이 내려앉는다. 오로지 이 여름의 이 연못에서 핀 이 순간의 연꽃. 화가 '모네'에게도 모든 것은 일시적이고 다시 돌아오지 않는 순간이지 물질적인 사물 그 자체가 아니었다.

한바탕 소나기가 내린 뒤, 맑은 하늘이 구름 사이로 나타난다. 돌아서려다 말고 햇살에 비친 연꽃을 다시 보고 싶었다. 최대의 자연광인 햇빛을 놓칠 수는 없다. 그 강렬한 대비를. 이때쯤이면 배롱나무 꽃과 자귀 꽃도 연못에 어울려 화사함을 더한다. 흰 구름이 떠다니는 파란 하늘을 뚫고 오를 듯한 연봉오리들, 연심불수오蓮心不受汚, 고고하기 그지없는 한 송이의 연이 막 피어나면서 하늘을 향한다. 활짝 피어난 두 송이의 연꽃은 서로 기대어 활짝 피었다. 물이 하늘이고 하늘이 물이다. 하얀 수련이나 연잎처럼 물 위에서 저리 떠서 살 수 있으면 좋겠다.

이날 오전에 날씨가 세 번이나 바뀌었다. 분위기가 사뭇 다른 연못의 극적인 정취를 느낄 수 있었다. 수련의 사진들이 '모네(1840-1926)'의 전시회의 기억이 되살아난다. 지금의 화가들은 사진을 찍어 와서 집에서 쉽게 그림을 그린다. 그 당시의 화가, 특히 인상파 화가들은 화실에 틀어박혀 있을 수 없었다. '인상파'라는 화조를 탄생시킨 '모네'의 〈인상-해돋이〉는 오늘날 대단한 명성을 지닌다. 어느 항구에 몇 척의 선박이 있고 아침 해가 떠오르는 장면을 그린 것이다. 그야말로 사물의 실체보다 해돋이의 인상 그 자체다. 가까이서 보면 물감을 비스듬히 그어놓은 것 같은데 멀리서 보면 수면에 일렁이며 반짝이는 햇살이 절묘했다. 주홍빛 빗금 자체가 물 위의 노을로 표현되었다. 모네를 빛의 화가라고 불리는 까닭이다. 사진을 찍으면서 또는 수필을 쓰면서 모네가 왜 연작에 몰두하였는지 어렴풋 짐작할 뿐이다. 물병아리 한 마리가 물방울처럼 미끄러지듯 빛이 흐르듯 지나다가 렌즈에 잡힌다.

30여 년 동안 수련의 연작에 몰입하였던 모네 옆에서 기념사진을 찍었다. 모네는 세느 강변 근처의 물가에서 혹은 네델란드나 테임즈 강변 그리고 지중해와 베니스까지 이젤을 들고 순간의 빛을 집으려고 노력했다. 40세까지 지독한 가난과 투쟁하면서도 결코 좌절하지 않았다. 40세 이후 그의 그림이 팔리기 시작하자 그는 파리 근교의 지베르니 정원을 사들이고 정원사도 둘 수가 있었다. 그의 지베르니의 정원은 그림 같았고 그의 그림은 정원 같았다. 후에 여행하기도 힘들어졌으나 지베르니는 우주가 통 채로 담겨 있었으므로 하루 종일 아름다운 꽃들에 둘러싸여 물가에서 '수련' 연작, 200여 점을 탄생시켰다. 한순간은 지나가며 그 때의 빛도 달라진다. 순간의 빛에 비치는 사물의 인상을 그는 계속 그렸다.

한 사진사가 비가 주룩주룩 내리는 연못 가운데의 기둥 위에서 무심히 앉아 있는 한 마리 백로의 모습을 지켜보고 있다. 움직이는 찰나를 잡으려고. 이 사진사의 심정과 모네의 심정은 같은 것이었을까.

모네는 "나는 자연의 법칙과 조화 속에서 그림을 그리고 생활하는 것 이외에 다른 운명은 갈망하지 않았다." 모네는 단순히 아름다움이나 좋은 그림만을 추구하지는 않았다. 언제나 그림 속에 빛의 움직임과 주변의 분위기를 나타내려고 했다. 모네의 그림을 좋아하는 까닭이다.

사람의 모습도 그렇거니와 삶 자체도 빛과 그늘이 교차하는 가운데 지나고 있다. 우리, 모든 생명은 빛과 빛이 지니는 에너지가 힘이 되어 존재한다. 생명의 본질은 빛과 에너지다.

모든 예술은 빛과 그림자의 조화가 아닐까. 빛이 존재 자체라면 존재자들은 모든 사물과 현상들이다. 빛은 언제나 존재하지만 빛이 내려앉는 사물은 빛에 의해서 그림자를 나타낸다. 그 그림자가 있어 빛을 받은 부분이 빛나며 빛나는 부문은 그림자 없이는 빛날 수가 없다. 빛이 닿는 부분은 시시각각으로 달라진다. 언젠가는 형체도 시간 속에 녹아 사라질 것이다.

그림에 대해서 잘 몰라도 일생의 전력이 녹아있는 그의 60여 점의 그림을 감상하는 동안 '인상파'가 무엇이며 추상화가 어떻게 탄생하였는지를 알 수 있게 된다. '수련'이나 다른 풍경화들에는 색채 속에 사물의 형체가 녹아나 있는 것을 볼 수기 있는데, 그것들은 노년기에 들어서 나타난 백내장의 영향이었다고도 한다.

실제로도 그는 빛이 흐리게 보여져서 사물의 인상만을 그리기도 하고 시력을 극복하여 새로운 화법을 나타내기도 한 것 같았다. 빛과 시간을 그려내야 하는 그에게는 치명적인 현상이었다. 그리하여 그는 현대추상화의 문을 열게 된 19세기 화가라고 불린다.

그의 그림 소재는 주로 하늘과 물로 이루어진 풍경이었다. 하늘과 물은 언제나 흐르고 있는 것이 아닌가. 흐름을 본질로 하고 있는 시간의 개념과 가장 부합되는 모티브였다. 물위의 사물이 물 안에 똑같이 반사되어 비추어지는 것은 또 다른 아름다움이며 빛의 변화를 잘 관찰할 수 있는 좋은 소재이기도 했다. 나도 그런 현상이 나타나는 물가에서 꽃과 잎의 주변 분위기를 한동안 주시하며 느껴본다.

빛과 시간을 어떻게 잡을 수 있는가. 그것은 무상이었다. 형체 없는 허무 자체를 어떻게 그려낼 것인가. 그는 과연 물에서 그 해답을 얻었다고 할 수 있을까. 시간의 순간성을 포착하려고 평생을 바쳤던 그의 그림 그리는 일은 결국 인간의 삶이 지닌 유한성을 받아들이는 노력이 아니었을까. 그러나 돌아오지 않는 순간의 반짝임이 그의 그림 속에 영원으로 빛나면서 세계인의 가슴을 그의 빛 속으로 녹아들게 한다. 그것은 영원의 빛이었다.

비가 그치기를 기다리는 동안 연못의 적요에 무심한 백로 한 마리는 미동도 하지 않고 나는 자리를 떠야 한다. 오전 중 제 번이나 요동치던 구름의 이동이 갑자기 모네가 그리워지게 하여 내 사진의 수련과 그의 수련을 대비하여 본다. 노년기에 피할 수 없는 백내장이 생기기 전에 나도 모네처럼 나의 '차 이야기'를 계속 써나가야겠다. 언젠가 먼 훗날 그 이야기 속에 남아 있을 희미한 빛이라도 그리워해줄 사람을 그리워하면서…

호서실(好書室)에서

책을 읽다가 그만 덮고 밖으로 나갔다. 두 눈의 피로를 풀기 위해서는 파란 하늘이나 녹색을 바라보는 것이 좋다. 노을이 지는 풀숲에서는 벌써 풀벌레들의 합주가 시작되고 있다. 가을의 전주곡 같아서 가만히 귀를 기울인다. 귀로 먼저 들어오는 소리에 지쳐가는 초록이 떠올라 아련해진다.

서재란 책을 담은 서가가 있는 곳에서 책도 읽고 글을 쓰는 방이다. 서재라고 하면 큰 주택의 조용한 방에 책상과 서가를 둔, 전통적으로는 남자들이 주로 사용하는 방이 연상된다. 나에게 기억되는 서재가 있다. 학창 시절엔 주로 큰언니 댁에서 학교에 다녔다. 큰형부의 서재에는 책이 많은 서가가 있었다. 형부는 공무원 생활을 했지만, 본래는 국문학도였다. 문학을 하는 꿈을 이루지는 못했지만, 작가들과 교류도 하면서 책을 가까이했다. 중등시절 형부의 서가에서 《삼국지연의》도 발견했다. 부산에서 서울로 이사를 하고 나도 대학을 서울에서 다녔기에 항상 형부의 서가가 내 공부방이 되기도 했다. 책을 많이 읽지는 않았지만. 그 시절엔 언제나 주택에 살았기에 독립된 서재가 따로 있었다.

큰언니가 다시 부산으로 이사를 가고 혼자 서울에 남았을 때는 학교 근처에서 자취생활을 했다. 그때는 가끔 학교 도서관에 갔다. 생활비가 오면 반드시 책방에 가서 책을 한 권씩 사는 것을 원칙으로 했다. 그때 모인 책들 중에는 지금에 와서야 귀중해진 몽테뉴의 수상록이라든가 영미수필선집, 헤르만 헤세의 단편집, 셰익스피어 전집 등인데, 다 읽지도 않은 채 읽어야 할 제목으로 알고 사둔 것이다. 지금은 도저히 세로로 된 책을 읽을 수가 없지만, 책 자체의 추억 때문에 버리지도 못한다.

요즈음은 아파트에 사는 사람이 대부분이다. 나도 작은 아파트의 방들을 다 차지하고 있으면서 방마다 책이 쌓여 있는 셈이다. 내가 아는 지인 한 분은 아파트 생활에서 책을 감당할 수 없어서 시외의 주택으로 이사를 했다. 이층의 대부분을 서재로 꾸며서 도서관 같아 보였다. 새벽마다 컴퓨터 앞에서 글을 쓴다고 한다.

나도 집안에 책꽂이가 있고 글도 쓰지만, 서재다운 서재라고는 말할 수는 없을 것 같다, 거실의 한쪽 벽은 책장으로 채워져 있다. 주방 쪽에 놓인 탁자는 식탁이자 책상이고, 차탁이 되기도 한다.

컴퓨터가 있는 방에도 컴퓨터 양쪽의 책꽂이에 책이 가득하다. 이 방을 나의 서재라고 해야 할까? 그러나 침실 문갑 위에도 읽다 만 책이 쌓여 있다. 누구에게 보일 만큼 영양가 있는 단정한 서재라고도 할 수 없다. 오래된 책들을 정리할 필요가 간절해진다. 내가 살아 있는 동안만 존재가치가 있을 뿐이니까.

현대는 책이 넘쳐나는 시대다. 밀려드는 문인들의 책과 동인지들, 반드시 구입해서 읽고 싶은 책이 즐비하다. 이제 더는 눈의 피로감 때문에 글을 많이 읽는 일도 자제해야 할 형편임에도 살아 있는 한 책을 멀리할 수도 없는 일이 되고 말았다.

강가로 난 풀숲 길을 고즈넉이 걸었다. 하늘에는 파란색 바탕에 흰 뭉게구름이 둥둥 떠서 다양한 무늬를 그리고 있다. 땅에서는 하늘거리는 갈대와 키 큰 강아지풀이 모여서 가을 채비를 하고, 초록빛 잡초와 야생 꽃들이 저마다의 작은 맵시로 나를 부른다. 느린 걸음으로 낮은 곳을 내려다보니 눈으로 들어오는 예쁜 생명이 반긴다. 이름 모를 꽃은 검색한다. 이름을 알고 보니 더욱더 살가운 의미로 다가온다. 샛노란 '여우팥', 꽃 모양이 콩알이 피어나듯 앙증맞고 귀엽다. '닭의장풀'은 온갖 녹색인 풀더미 주위를 뚫고 올라와 파란 눈빛을 초롱초롱하게 밝힌다. 오랜만에 만나는 어여쁜 '물봉선화' 무리가 내 마음에 꽃물을 들인다. 안개꽃 같기도 하고 메밀꽃 같게도 생긴 '고마리'라는 꽃이 한가득 꽃밭을 만들고 있다. 기생초와 코스모스까지 듬성듬성, 나 여기 있다고 흔들거린다.

꽃들이 있으니 어찌 벌 나비가 없겠는가. 노랑나비 한 쌍을 좇다가 흰나비도 만나고 호랑나비와 매력적인 남색 무늬를 지닌 검정나비도 만났다. 같이 놀자고 해도 그들은 내 마음을 알기는커녕 팔랑팔랑 날다가 꽃잎에서 잠시 날개를 접기도 한다. 자유롭게 노는 모습에 나도 덩달아 즐거워진다. 그들의 꽃말과 춤사위의 이야기는 알 수가 없다. 그냥 나도 잠시 풀숲에서 나를 잊고 장자의 꿈처럼 나비가 되는지 꽃이 되는지 알 수 없는 시간을 보냈다.

자연이야말로 진정한 서재 자체가 아닌가. 장엄하고 신비로운 자연의 한 모퉁이에서 자연의 일부인 사람은 자연을 오감으로 느끼며 순환질서의 이치를 배우고 깨닫는다. 어찌 그 직감의 감동을 언어라는 기호 속에 담을 수가 있을까. 모든 과학과 예술 행위가 그것을 담아내려고 노력하고 있다. 피카소는 '모든 예술 행위는 진실을 알리기 위한 거짓말'이라고 했다. 직감의 느낌을 어떤 언어의 형상으로 표현하여 그 진실을 말할 수가 있을까. 영원한 숙제일 뿐이다.

전라북도의 근대 서화가로 뛰어난 선비문화의 업적을 남긴 석정(石亭) 이정직은 책을 좋아하여 자신의 서재를 호서실(好書室)이라 부르고, 거기서 책도 읽고 글씨와 그림 그리기를 좋아하였다. 야생의 생물에 짙은 애정을 느끼게 되는 것은 자연으로 돌아갈 시기가 가까워진다는 의미일까. 그들의 생태를 알고 그들의 언어를 받아쓸 수만 있다면 나에게도 최상의 호서실이 될 수 있으리라. 친한 친구가 되려면 오랜 시간이 필요한 것을.

가을 음악회

감미로운 합주를 펼치는 그리그(Edvard Grieg)와 시벨리우스(Jean Sibelius). 그리그의 피아노협주곡 작품 15번이다. 물론 이 음악가와 내용에 대하여 말할 수 있을 만큼 상식이 있는 것은 아니다. 그냥 교향곡을 듣는 것을 좋아할 뿐이다. 교향곡은 여러 가지 악기들이 모여서 이루는 자연의 오묘하고 장엄한 형태를 형상화하는 것 같아서 나도 그 자연의 한 부분이 되는 것 같게 한다. 연주자들과 한 자리에서 음악을 감상하는 맛은 그 음악의 배경으로 홀연히 날아가는 기분을 느끼게 한다.

오케스트라는 백여 개의 악기가 모여서 합주하는 음악이라는데, 그 악기들을 다 헤아릴 수도 없고 이름도 다 알지 못한다. 오케스트라는 인간 공동체가 표현할 수 있는 최상의 음악적 발현이라고 할 수 있을까. 자연의 오묘한 운행의 소리를 들을 수 있다면 그렇게 장엄하고 아름다운 음원으로 나타낼 수 있는 것인가. 인간 공동체가 조화롭게 살아가는 모습이 오케스트라와 같을 수만 있다면 최상의 인간교향곡이리라.

화려한 피아노 독주와 교향악이 어울려서 피아노와 오케스트라 반주가 들어가고 나오기를 교묘하게 표현하는 음악이 신기하기만 하다. 오케스트라에 의하여 피아노 독주가 드러나고, 피아노 독주가 배경이 되는 오케스트라의 역할이 더욱 빛나기도 한다. 경쾌하기도 하고 감미로운 선율에 잠겨 있는 시간은 충분히 복잡한 일상을 잊을 수 있는 감동을 준다.

그리그는 노르웨이 전설 속의 이미지를 투영했다고 한다. 음악 해석은 못 하지만, 듣고 있으면 어느새 북유럽의 청명하고 서늘한 기운을 상상하며 느껴지는 것이 있었다. 자연에 대한 감정, 민속적 색채가 듬뿍 담겨있다는 것을 알 수 있다.

이 곡은 '피아노의 제왕'이라는 리스트에게서도 격찬을 받았다고 한다. 하지만, 그리그는 초판 한 뒤로도 세상을 떠나기 몇 주 전까지 개정 작업을 이어갔다고 한다. 초반 때 야심 찬 젊은 나이 25세 때였고 죽기 전까지라면 완숙한 경지가 되기까지 개정을 했다는 뜻이다. 일곱 번 이상 개정을 시도한 결과로 1917년 출판한 악보가 오늘날 일반적으로 통용되고 있는 개정판이란다. 따라서 우리는 이 곡에서 그리그의 젊은 날의 열정과 시정, 그리고 원숙기의 관현악 기법을 동시에 연주할 수 있고 또 감상할 수 있다고 한다.

음악가들의 악보도 초연 때의 것을 완숙기까지 혹은 죽기 전까지 악보를 교정한다. 나 역시 좋은 글은 아닐지언정 그동안 책으로도 발간한 글도 계속 수정하고 퇴고하기 때문에 그 심정은 충분히 이해하고도 남는다. 옛날에 썼던 것을 이 시점에서 다시 퇴고하면 새로운 글로 탄생하기도 한다. 지금의 입장에서 나의 처녀작들을 새 버전으로 퇴고하여 그때 쓰려고 했지만, 그 의도를 충분히 나타내지 못한 것을 다시 쓰고 싶다.

음악이야 그동안 수정된 악보를 어찌 알 수 있으랴. 그런 내용은 들어도 알 수 없지만, 어쨌든 오늘날의 이 피아노협주곡을 듣고 충분한 감동으로 휴식할 수 있으니 행복할 따름이다.

글도 마찬가지. 초판 때의 글을 계속 퇴고하는 동안 마지막엔 어떤 글이 되었는지 독자는 알 수 없으리라.

신묘하게도 피아노와 관현악기들이 들어오고 나가고 멈출 때와 들어갈 때를 절묘하게 이어간다. 다양한 악기들의 변주가 참으로 조화로운 화음을 이루고 있다. 악기가 제 특성대로 나타날 때와 들어갈 때를 알 듯 사람도 제 자리를 잘 알아야 하리라. 가족과 사회의 인간관계가 모두 저 교향곡처럼 조화롭도록 오케스트라같이 치열한 연습을 거듭해야 하는 것인가 싶다. 인생은 연습 끝에 연주되는 것이 아니기에, 과정 자체가 치열한 연습이었던가.

북유럽의 쇼팽으로 일컬어진다는 그리그의 음악은 명상적이면서도 뜨거운 기운을 내포하여 새 기운을 받은 셈이다. 마지막 클라이맥스에서 힘차게 울려 퍼지는 웅장한 화음은 피오르의 웅대한 절경 위로 드높게 치솟는 정신이 감지되는 것도 같았다. 때때로 눈을 감고 상상해본다. 아름다운 관계의 조화를. 이제는 생긴 대로 그냥 살리라. 감명의 정신을 지니면서….

시벨리우스의 교향곡 2번 작품 43에서는 마치 전원교향곡을 듣는 것 같았다. 사실 핀란드 전원의 색채가 농축되어 시벨리우스의 '전원교향곡'으로 불리기도 한다니. 그럴 만했다. 시벨리우스는 1901년 이탈리아 라팔로에서 몇 달 머물었다고 한다. 2월임에도 꽃들이 주위를 둘러싼 이국의 환경은 긴 겨울에 갇힌 북유럽의 생활에 익숙했던 시벨리우스에게 일종의 경이로 다가갔던 것이다. 겨울에 따뜻한 환경에서 지냈던 감동을 어찌 자신의 음악에 담고 싶지 않았겠는가. 나도 겨울에 치앙마이 한 달 살기의 새로운 경험을 그리고 있으니, 그는 자기의 음악으로 재현한 것이다. 그런 감동을 글로 표현하기도 어려운데 음표로 나타낼 수 있는 음악가들의 표현에 찬사를 보낸다.

연애편지

– 그대에게

강가에서 벚나무는 강물과 날마다 서로 바라보고, 서로 비추어 주고, 그렇게 오래오래 마주 보고 쓰다듬으며 지내는 일이 사랑이란 것을 알았다. 어느 날 흰 눈이 휘날리는 것처럼 꽃비가 내려 강물에 녹아들어야만 하나가 되는 완전한 사랑이란 것을 한참 뒤에 알았다.

가을, 선물상자와 편지를 받자 청순했던 연애편지들이 떠올랐다. 여고 시절 책가방 속에 쪽지를 찌르고 도망가던 순진한 소년. 순수한 사랑의 열기를 참지 못하여 끝내 손가락 끝의 핏물로 그린 하트가 큐피드 화살을 맞고 뚝 뚝 흘린 핏물 자국이 베인 편지. 바다 건너 먼 이국에서 동국의 처녀를 그리워 띄운 애틋했던 초청장. 그렇게 참을 수 없는 열정을 쏟았던 시절이 있었다. 누구에게나.

저만치 혼자 핀 꽃처럼 홀로 걷는 숲속의 길은 언제나 농익은 사랑의 길이다. 숲속의 식구들이 하나하나 그들의 향기와 소리 안으로 나를 스며들게 한다. 성긴 채반을 엎어 놓은 것 같은 소나무 가지 위로 날아오를 듯 양 날개를 펼쳐 본다. 자주 만나지 않아도 오랜 친구같이 사랑의 편지를 보내오는 것 같다.

가을에는 모든 나무가 보내는 사랑의 말을 찾아 읽으리라. 자신이 맞닥뜨린 뜻하지 않았던 가뭄과 태풍, 혼란스러운 날씨를 견디어내며 깊어진 영혼의 그림을 나뭇잎에 그릴 것이다. 수 억겁 임들이 주고받았던 사랑의 말을 읽으며 임들과 사랑을 나누고 싶다. 나무들이 허공을 향해 말하듯 나도 그 공간에 고맙다고 말하련다. 연인에게 속삭이듯이.

편지를 동봉한 땅끝 마을에서 배달된 산야초 효소, 우주의 사랑을 손끝 세포에 모으고 새긴 사랑의 편지가 있다. 편지 끝에 마시는 방법까지 친절하게 첨부하였다. '안타깝고 아픈 사랑은 참 사랑이 아니었어.' 라는 노랫말처럼 이제 풍성한 사랑을 아는 것 같다.

"나는 바란다. 샘물이 벚나무와 하는 것과 같은 걸 너와 함께 하기를." 청년 때의 네루다의 연가처럼.

여행과 질병

어떠한 상황 속에서도 시간은 절대 멈추지 않는다. 겨울 한가운데 있다는 것이 실감 나지 않는다. 한파가 몰려오는 때도 마스크 속은 답답할 때가 있다. 올 한 해 가장 많이 사용한 단어가 '코로나 때문'이다. 차라리 '코로나 덕분'이라는 단어로 치환될 수 있는 일이 될 수는 없을까. 때문이라는 말은 좋지 않은 상황을 이야기하고 덕분이라는 말은 좋은 결과를 말한다. '덕분에'라는 단어가 많이 사용할 때가 오면 좋으련만!

2020년 초부터 시작한 '코로나19 범세계적 유행'은 우연한 일이 아니다. 지구인이 한 가족임을 마스크가 말한다. 유사 이래 최초의 대규모 역병의 유행은 기원전 4세기 아테네에서 발생했다. 지중해 세계는 아테네를 중심으로 하는 통상로가 열려 있었다. 종횡무진으로 왕래하던 상인들은 아테네로 부(富)를 날랐다. 그러한 통상로의 종착지인 에티오피아에서 역병이 발생했다. 역병은 통상로를 따라 이동하는 상인들에게 옮겨져 이집트와 이웃 나라를 습격하고 마침내 아테네를 습격했다. 펠로폰네소스 전쟁의 와중에 있었던 아테네를 2년 이상 유린하여 대략 10만여 명이 사망했다. 그로부터 아테네는 몰락의 일로를 걷게 되었다고 전해진다.

여행과 질병은 끊임없이 인류에게 메시지를 전해왔다. 세계의 많은 예술가가 이탈리아로 여행하는 것은 당연한 과제였던 것 같다. 지금까지도 유럽과 세계 여행은 많은 이들의 로망인 것 같다. 대표적으로 모차르트는 아버지를 따라 6세부터 연주 여행을 다닌 결과 많은 질병에 시달렸고 요절하고 말았다. 천재적인 재능 덕분에 우리는 그의 음악을 즐길 수 있게 되었지만. 우리나라의 유명한 한 등산가는 건강을 자랑하며 히말라야를 종주하기를 즐겼다. 그러나 전립선암이라는 복병이 생겼다. 일본의 사진작가 호시노는 알래스카로 이주하여 야생의 생명을 사진으로 담아내면서 자신의 내면과 만나게 되었다. 결국 북극곰을 취재하다가 물려 죽었다고 한다. 아까운 43세의 나이에. 안타까운 인생이 어찌 그뿐이랴!

우리는 코로나 시대를 살고 있다. 유럽의 페스트에서 살아남은 의사의 말은 적중했다. 지금은 사라지지만, 바이러스는 우리가 찾지 못하는 구석에 숨었다가 변종으로 다시 나타날 것이라고. 여행과 질병은 인간의 자아 찾기의 두 통로일 뿐 아니라 우리는 여행과 질병의 역사의 길 위에 있는 것 같다. 사람은 한자리에서 행복해질 수 없다. 걷던 길을 계속 걸어야 한다. 위대한 성인 밀레르빠, 석가모니, 예수, 모두 질병을 이겨내면서 끝까지 걸어서 삶의 목표를 달성했다. 모든 생명을 품은 자연은 여행 중이다. 자신만의 운명의 길을. 바이러스는 말한다. 일상도 여행처럼 살아가는 우리는 자연의 일부이고 자연이 우리를 살리고 있다는 것을,

여느 해 같으면 거리에는 캐럴이 울려 퍼질 때이건만, 올해는 그야말로 조용한 밤이다.

메리 크리스마스가 아니라 Merry X-mass가 되었다. X는 그리스어의 그리스토스의 첫 자를 이용한 방법이라는데 올해는 그 X가 가위표인 X, 즉 틀리다 한 표시 같기만 하다. 크리스마스 카드를 만들던 청춘 때가 차라리 그립다. 지난 추석 때도 서울에 가지 못했는데, 올 설날에도 가족들과 모이지 못할 것 같다. 모이지 말고 각자 집에서 조용한 밤이 거룩한 밤이 되도록 곰곰이 기도할 일이다. 자연한 삶이 돌아오기를.

그리움의 꽃

– 붉노랑상사화

'꽃을 보면 눈물이 난다.'라는 시인의 말처럼 나도 꽃을 보면서 눈시울이 적셔졌다. 이른 봄부터 피어나는 작은 풀꽃부터 무리 지어 피어나는 찔레꽃, 개나리와 철쭉을 볼 때마다. 마스크가 필요 없는 꽃들에게 미안했다. 휘날리는 꽃비를 맞으며 벚나무 꽃길을 그대와 걷지도 못했다. 사람들 속에서 즐겁게 밥을 먹고 차를 마시던 일상을 그리며 이 가을이 오는 길목에서 그리움의 꽃길을 추억한다.

숲이 우거진 해변 언덕길로 들어섰다. 탄성의 소리를 지르지도 못한 채 숨죽이고 조용히 다가가야 할 것 같았다. 쉽게 감탄사를 내뱉는 천박함이 꽃들의 자태를 어지럽게 할 것 같아서였다. 해변 둘레길이 노란 꽃으로 길을 장식하고 무리 지어 꽃밭을 만들었다. 붉노랑상사화 길이었다. 만개한 꽃무리는 상상보다 훨씬 더 환상적인 해변 풍경을 연출하고 있었다.

여름철에 절집에 가면 반드시 상사화를 볼 수 있다. 주로 분홍이나 노랑 상사화 그리고 가끔은 흰색 상사화다. 상사화를 절에서 자주 볼 수 있는 것은 어떤 전설 때문인지 모른다. 절의 한 스님이 속세의 처녀를 사랑했지만, 이룰 수 없었는데 뒤에 스님의 무덤에서 신비한 꽃이 피었단다. 이룰 수 없는 애틋한 사랑이라 하여 상사화라고 이름 지었는가 싶다.

붉노랑상사화는 처음이었다. 꽃잎 끝이나 가장자리가 붉은빛을 띤다. 상사화의 잎은 넓은 난초 같아서 난초과에 속한다. 봄에 소복하게 잎이 무리 지어 올라왔다가 7월쯤이면 모두 없어진다. 가을 들머리가 되면 잎이 없어진 그 자리에 꽃대가 올라온다. 잎을 만나지 못하고 피는 꽃이어서인지 20-30cm쯤 되는 꽃대 위에 다섯 송이씩 모여서 큰 송이를 이룬다.

꽃도 절대로 잎을 만나지 못한다. 상사화 꽃은 열매도 맺지 않는다. 같이 살지 않으니 열매를 맺지 못하겠지. 평생 죽도록 그리워하다가 끝내는 수절 수행에 전력을 다했나 보다. 수행력이 하늘에 닿았을까. 열매 대신에 이렇게 많은 꽃이 번성하고 있으니 말이다. 사랑도 그리 절대적인 사랑을 해야 한다는 말일까. 한때 열렬했다가 속절없이 사라지는 그런 사랑 말고 영원을 노래하는 사랑. 서로 만나지 못해도 그리움의 끝에서 꽃송이로 피어나는.

해변을 끼고 걸어가는 꽃길은 파도 소리가 장단을 맞추어 생기를 더한다. 철썩철썩 뭍으로 올라왔다가 미끄러지는 파도의 발걸음처럼 또 안타까운 일이 없다. 언덕으로 올라와서 상사화를 만날 수 있으면 얼마나 좋을까. 그 또한 파도의 운명인가. 파도 소리와 바람으로 전하는 무심한 말. 그렇게 파도는 파도가 걸머져야 하는 사랑의 길이 따로 있나 보다. 파도에 밀려 올라온 바닷게 한 마리가 기어이 뭍으로 올라와서 풀밭에서 외롭게 그의 사랑을 찾고 있는 것도 모두 그리움 때문일까.

어떤 꽃인들 아름답지 않은 꽃이 있을까만, 붉노랑상사화야말로 노오란 그리움으로 피었다가 농익은 그리움이 붉은빛으로 더해지는가 싶다. 함께 모여 있으니 보는 사람이 환호작약할 뿐, 꽃들은 정염의 응어리를 옆 눈짓으로 흘끗거리는 것 같다. 외로움의 꽃이 아니라 속내 깊은 정열의 꽃이라 불러야 할 것 같다. 순간에 사라지는 기쁨이 아니라 이 붉노랑상사화는 만남의 설렘이 오래 간다. 참으로 상사병을 앓다가 나도 상사화가 될까?.

우리도 이 세상에 한 번 왔다가 언젠가는 사라져야 할 운명을 태생으로 안고 있다. 같이 있다가 먼저 떠난 사람, 멀리 있어 자주 볼 수 없는 사람들, 한 하늘 아래, 같은 땅 위에서도 서로 만나지 못하는 사랑도 얼마든지 많다. 같이 있다고 반드시 사랑을 잘 가꾸고 있는지도 알 수 없다. 함께 있을 때 진정한 사랑을 나누고 옆에 없을지라도 상사화처럼 열렬한 사랑을 할 일이다. 은근하고 조용히 길게. 또 만나지 못한다고 함께 있지 아니하는 것도 아니다. 사랑의 대상은 한계가 없다. 지구 위의 모든 생명이라면 말이다. 영원한 절대적 사랑을 이루면 좋겠다. 누군가에게 스스로 꽃이 되고 덕이 되는 삶이라면 더 바랄 것이 없겠다.

언젠가 불갑산 꽃무릇 사진을 보내준 이가 있었는데, 그날 나는 그 빛나는 붉은 색에 매료되어 시내로 가지 않고 불갑산으로 달려간 적이 있었다. 이 꽃을 보고 변산마실길로 달려갈 사람이 있을지 모르겠다. 지금은 아마도 많은 꽃이 지고 있을 것이다.

부안 위도에는 흰 상사화가 있다고 해서, 일 년 내내 그리움에 쌓였다가 그들을 만나기 위해 바다를 건너갔다. 아름다운 물빛, 섬의 꽃이라 그럴까. 물도 겹겹이 쌓이면 그런 색깔이 될까. 하늘의 깊이가 푸른색이 되는 것 같은. 그리움이 쌓이고 섬 생활의 외로움이 쌓여서 노랗게 지치다가 하얗게 바랬는지, 백지장같이 하얗지는 않고 신비한 노란빛을 띠기도 하는 외딴 섬의 꽃. 세계 유일의 흰 상사화라고 한다. 바람결에 그리움의 색깔로 바랬는지도 모를 일이다. 아름다움을 즐긴다는 것이 생의 활력소가 된다는 것을 다시 절감했다. 상사병이 도지려 해서 이 꽃들의 사진을 함께 즐기며 병은 만들지 않겠다.

2020년 초부터 시작한 '코로나19'는 전 세계를 석권하여 봄여름이 다가도록 물러가지 않았다. 우리나라도 서서히 가라앉는 듯 하다가 다시 성하고 가라앉기를 반복한다. 저 유럽의 페스트처럼 일 년을 넘기고야 물러설까. 평범한 일상을 그리다가 지쳐서 상사화를 피우게 되면 일상을 되찾을 수 있으려나.

상사화 꽃대가 올라온 깊숙한 땅 밑에는 여름에 무성하던 푸른 잎들의 슬픔으로 채워진 샘이 있었던가. 그리움으로 채워진 눈물이 모여서 꽃대로 올라왔으리라. 슬픔과 기쁨의 원천이 하나이듯, 상사화 꽃과 잎은 한 뿌리에서 나온 것이려니…. 붉노랑상사화, 그 꽃은 명상의 꽃이다. 기쁨도 슬픔도 놓아버린 텅 빈 마음으로 그 꽃길을 그리워하자.

어깨를 끼고 달리면 편하다

매일 길을 나서 보면 언제나 많은 사람이 어디론가 가고 있다. 무엇 하는 사람들이며 어디로 가고 있는지. 모두 바쁜 표정으로 누구보다 빨리 가려고만 하는 것 같다. 학교에서도 직장에서도 남보다 앞서가서 선두에 서야 직성이 풀리는 것도 같다. 그래서 길을 나서면 빨리 가는 길을 선택하려고 한다. 일찍 도착해야 할 그 목적은 과연 무엇일까. 분명한 목적지가 있다손 치더라도 먼저 도착한 사람이 행복을 모두 차지하는 것일까. 사랑하는 모든 이들은 뒤에 처져 있는데 혼자 외로이 달려서 잡은 결과가 행복일까. 해마다 되새겨지는 이야기가 있다. 내 인생의 지평을 더 넓게 펼쳐주었던 한 이야기를 생각한다.

이야기는 어느 역인지 모르지만, 또 이 경우에 정확한 역의 이름은 필요도 없지만, 어쨌든 햇살이 뜨거운 여름 길을 땀을 훔치면서. Y 씨와 몇 사람의 동행자가 역을 향해서 가고 있는 것을 상상해 보자.

“찌는 듯한 먼지투성이의 길은 시가지 가운데까지 계속되었다. 시간을 재촉하면서 걷는 듯해서, 가끔 시계를 보는 사람도 있다. ‘자, 앞으로 3분밖에 없다.’ 그래도 모두는 각별히 초조해 보이는 모습은 아니고, 조금 보폭이 커지고 속도도 빨라진 정도였다. 드디어 역의 구내가 보이는 곳까지 왔을 때 어떤 다른 사람이 ‘열차가 들어왔다.’라고 해서 몇 사람이 함께 어깨를 끼고 달렸다. 역 머리에 모여 있는 사람들에게는 이것이 이상한 광경으로 보이지 않았을 리 없다.”

우리들의 생활 속에서, 버스나 기차 시간에 늦어진다고 했을 때, 달려가는 일은 자주 있는 일이다. 이럴 때 모두 어깨를 끼고 달린 적이 있는가. 이렇게 달린 끝에 시간에 맞추었는지 어떠했는지는 들은 바 없지만, Y 씨는 ‘어깨를 끼고 달린 쪽이 편하고 빠르네요.’라고 말한 것 같다. 나의 경험으로는, 이런 때, 얼른 자기 나름으로 달려버린다. 그리고 자신은 어떻게 해서 시간에 맞추었지만, 발이 늦은 사람 때문에 모처럼 달려온 자신까지도 늦게 되는 경우가 있다.

먼저 도착했다 해도, 나중에 오는 사람을 기다리지 않으면 아무것도 안 된다. 이것이 우리들을 둘러싸고 있는 사회 속에서의 실생활 그 자체이지 않을까. 내가 정말 그렇다고 생각한 것은 이럴 경우에 '어깨를 끼고 달리면서 편하고 빠르다.' 는 것만은 아니었다. '어깨를 끼고도 달리면 편하고 빠르다'라고 하는 것이 진실이라고 한다면 대체 무엇을 향해서 '빠르다'라고 말하는 걸까.

우리들 인류는 21세기를 어떠한 시대로 맞아들여, 무엇을 향해 걸어가고 있는 것인가. 목적도 수단도 잘못 취하고 있는 착오의 시대에 종지부를 찍고, 시작도, 도정도 가야 할 곳도 '사이좋음 한줄기', 자연과 인간 사이, 사회의 한 구성원으로서, 사람과 사람 사이의 편하고 간단한 길을 다음 대의 아이들에게 남길 수 있어야 할 것이다.

가정에서, 사회에서, 나라 안에서, 아니 온 인류가 유일무이한 '행복의 열차'에 모두 타야만 한다면 어떻게 해야 할까. 한 해의 마지막 행사 때마다, 0시를 통과하는 의례가 아무리 시끌벅적해도 날마다 떠오르는 태양같이 내 마음에도 새 태양이 밝아오지 않는다면 새날은 오지 않으리라. 묵은해와 새해 사이, 오늘과 내일 사이에는 어떤 틈도 없건만 마치 새 세상이 확 다가올 것만 같은 착각을 불러일으킨다.

혼자 빨리 달리다가 넘어져서 발을 다치고 말았다. 누군가하고 사이좋게 같이 팔짱이라도 끼고 걸었다면 다치지는 않았겠지, 같이 가야 할 사람을 어차피 기다려야 한다면 그렇게 혼자 서둘러갈 필요도 없었다. 이 겨울 마른 풀덤불에 길게 누워서 아직도 오지 않은 사람을 새봄을 기다리듯 기다려야 하나 보다. 꽃피는 사월이 되어 부산 가는 '희망의 열차'를 타러 가자고 할 사람이 오면 나도 '어깨를 끼고 달리자'라고 말해볼거나.

2부
꽃으로 말하다

봄꽃지도

지금, 이 순간에도 우리 주위와 지구촌 곳곳에서는 수많은 인구가 서로가 서로에게 상처를 주고, 살상하며 스스로 고통의 세계를 만들고 있다. 인도에서는 코로나19로 수많은 생명이 죽어가고 있으며, 미얀마와 이스라엘, 리비아, 등 지구촌 곳곳에서는 분쟁으로 수많은 사람이 목숨을 잃고 있다. 특히 미얀마 사태는 우리의 과거를 소환한다. 최근 우크라이나와 러시아의 도발 사태는 아직도 전쟁에서 자유롭지 못한 지구촌을 생각하게 된다. 굴곡진 현대사를 관통하며 살아온 세대로서 안타까운 일이 아닐 수 없다. 지난 겨울 처음으로 맞은 한파로 인해서 우리 베란다 화분도 다 얼어서 초토화 되었다. 가장 먼저 봄소식을 알려줬던 춘란화도 기어이 꽃대를 올리지 못했다.

봄이 도둑고양이처럼 왔다가 가버리는 것 같았지만, 그래도 봄은 희망이었다. 꽃길을 찾아 위안을 받을 수도 있었으니…. 봄까치꽃, 제비꽃 등의 풀꽃들이 겨울 동안 뻣뻣했던 내 무릎을 굽히다가 일어서게 했다. 꽃길을 걷도록. 매화 길과 산수유 길을 그리고 꿈같이 사라진 화사했던 벚꽃 길을 건너서, 개나리 철쭉꽃이 찬란했던 길 뒤로 모란이 지고 나자, 만춘에는 흰 꽃 달린 나무들이 줄을 섰다. 멀리 가지 않아도 걸을 수 있는 이팝나무 길도 있고, 생태습지 길에서 만난 백당나무, 층층나무, 찻잎 따는 나를 위안하던 때죽나무 등이 있다. 산허리마다 만발하는 찔레꽃, 아까시. 벽오동, 기도하는 나무 산딸나무 등이 풋 여름을 부른다.

계절의 여왕이라 일컫는 5월이 내 인생에도 꽃피었던 계절이었건만, 올해 5월은 어지럽다. 기후도 고르지 않아서 돌풍이 부는 날이 있다가 갑자기 비가 오기도 하는 날이 잦았다. 기후 탓으로 세상이 어지러운지 세상이 어지러워서 기후가 고르지 못한지 아둔한 내가 어찌 알 수 있으랴! 오월의 청춘도 떠나게 마련인 것을.

반짝 하늘이 맑은 날이 마침 부처님 오신 날이었다. 좀 늦은 시간이었지만, 친구가 어떤 절에라도 가서 예배드리고 싶다고 했다. 백련사의 추억을 나누다가 그냥 강진으로 줄달음쳤다. 월출산 정상에 우뚝우뚝 선 산봉우리를 올려보자니 애틋했던 다산 정약용의 유배길인 귀양길이 지금 나에게는 귀향길같이 그리운 길이 되고 있다고 하면서…. 다산이 월출산을 바라보며 어지러웠던 한양을 생각하고 '꼭 도봉산 같구나!' 했다는 그 말이 갖는 의미가 되새겨졌다. 그의 '애절양(哀絕陽)'이란 시의 내용과 시를 쓰게 된 배경을 생각하면 지금도 가슴이 먹먹해 온다. 오늘날의 세태를 생각한다면 그는 어떤 글을 지을까를 상상해본다.

신록의 산야를 지나치면서 머리로 꽃지도를 그리다가 당도한 백련사 입구의 동백숲 앞에 들어섰다. 백련사 주차장은 그 옛날 메밀꽃 피는 언덕이었던 때를 불러오고 일주문 역할이었던 동백숲은 다산초당 가는 길의 차밭과 오솔길을 더듬게 했다. 그리고 다산과 혜장 스님의 우정과 우리의 시간도…. 동백꽃은 이미 떨어진 뒤였지만, 많은 이야기가 떠올려져서 설레었다. 울창한 숲을 지나 대웅전 앞에 들어서니 오색 꽃등이 반겨주었다. 대웅전(大雄殿)과 만경루(萬景樓)의 현판 글씨체는 저 유명한 원교 이광사의 필체여서 바라보는 것만으로도 미려하고 웅대한 글씨에서 선인의 정신을 그릴 수도 있게 된다. 만경루의 창문 밖으로 구강포를 내려다보며 만감에 젖었을 옛사람도 함께하는 기분이었다. 종교와 상관없이 탐진치(貪瞋痴)와 삼독(三毒)을 버려야 한다는 붓다의 뜻도 되새겨보는 시간이 되었다. 마당 앞의 우람한 배롱나무를 탑돌이 하듯 나무 주위를 돌아서 동백숲 이야기를 남겨둔 채 애석하게 돌아섰다.

여전히 우리가 살아가는 사회 또한 여러 극단적인 사건과 가슴아픈 일도 끊임없이 이어지고 있다. 마스크를 쓴 채 직장 생활 하는 젊은이들과 중소 상공인들의 노고가 깊다. 뉴스를 듣자면, 우리의 세상 삶이 진흙 바닥에서 허우적거리는 것만 같다. 우리가 진흙에서 왔으니…, 마침내 진흙을 빚어 아름다운 그릇이 되는 것처럼 아름다운 인생의 그릇이 되라는 뜻이리라. 꽃 지도에는 자연과 조화롭게 살아가는 모든 생명의 삶을 그려야한다는 것. 이것이 무릎 아래서 땅을 지키는 온갖 식물과 나무들을 내려다보는 하늘의 뜻이려니….

코로나의 긴 터널을 우리는 통과하고 있는 중이다. 터널이라면 반드시 끝이 있기 마련이다. 긴 터널도 지나다 보면 희미한 빛이 비치면서 끝이 가까이 왔음을 예고한다. 백신으로 인하여 긴 터널의 끝이 보일 듯 희미한 빛이 보이는 듯하다. 신록의 나무 아래서 봄꽃지도에 그려진 뜻을 찾아보며 나무가 주는 말을 새겨보리라. 흰 꽃들의 열매가 빨갛거나 까만 이유를….

지칭개

부산 언니가 전화를 해왔다. TV에서 봤는데 지칭개란 나물이 맛이 좋고 약용에도 좋다는 내용이다. 나도 모르는 이름이라 바로 검색을 해봤다. 우리가 봄이면 밭이나 논둑이나 풀이 자라는 곳에 흔히 있는 것이었다. 어떤 이는 걸어가다가 발길로 툭 차면서 '이거 먹는 거야' 말하기도 했다. 나도 보긴 했으나 몰라서 지나쳤다.

지칭개는 알고 보니 흔히 만날 수 있는 봄나물이었다. 냉이와 민들레와도 비슷하지만, 다르다. 이제야 그를 알게 되어 먹게 된다니! 식물은 지구상에서 중요한 자원의 위치에 있다는 것은 알지만, 모르는 식물이 대부분이다. 다만 풀밭에서 낮게 시선을 주어야만 알 수 있는 풀꽃과 전통적으로 알려진 나물들만 알 뿐이다. 봄이면 주로 쑥과 냉이, 돌나물, 달래, 원추리, 머위 등이었다. 쑥이 제일 먼저 나와서 벌써 두 번이나 쑥국을 끓여 먹었다. 쑥국을 먹는 일이 나의 봄맛이다. 냉이와 민들레도 먹어 보았다. 머위도 맛이 좋아서 자주 먹는다. 지칭개도 알고 보니 먹고 싶어졌다. 많은 나무들과 꽃나무들이 꽃을 피워야 그 존재감을 나타내기도 하지만, "꽃만 말고 내 몸과 마음도 함께 보아 주시어요"라고 말한 풀꽃 시인의 말처럼 꽃 피기 전에 그 몸을 알게 되니 먹게 된다.

코로나와 상관없이 새봄은 찾아 왔다. 나무만 주로 올려다보다가 봄이 되어서야 풀밭에서 풀도 보고 풀꽃도 만나기도 한다. 풀꽃들이 여지없이 내 무릎을 꿇게 한다. 새 풀의 몸이 새삼 신기하고 고맙기도 하다. 사람은 깊은 산이 품고 있는 나무숲처럼, 들녘의 식물과 같이 넓은 품을 지니지도 못한다. 하늘을 나는 새와 같이 높은 이상도 품지 못한 채 나르지도 못한다. 삶의 하중으로 살아 있어 산천이 새봄을 맞아 깨어나는 것이나마 즐길 수 있는 것인가. 이제 늙어져서야 발밑을 쳐다보는 때가 잦다. 쓴 나물도 좋아하게 된 나이가 되니까 말이다. 지칭개 나물을 누구에게나 좋다고 먹기를 권유할 수는 없을 것 같다. 꼭 쓴 나물을 먹어야 하는 병이라도 있으면 몰라도. 쓴맛 뒤의 단맛을 아는 나이가 되어서야 쓴맛을 찾게 되는 것도 자연스러운 일인 것 같다.

지칭개를 또 뜯었다. 삶아서 쓴물을 빼기 위해서 하룻밤 물에 담가 두었다. 특별히 약용으로 쓸 일은 없으니 뿌리는 제외하고 잎만 뜯었다. 지난번에 한 번 먹어봤던. 쌉싸래한 맛이 진짜 봄의 속내를 먹는 맛 같아서다. 코로나 시대에 면역력을 높이는데도 일조할 것 같다.

지칭개는 3월 말 쯤부터 5월 사이에 뿌리와 잎을 먹는다. 지칭개는 뿌리까지 캐어서 잘 씻어 말려두었다가 차를 끓이기도 한단다. 약용으로도 좋고 건강식으로도 좋은 식품이다. 성질이 차다고 하지만 한 번에 많이 먹지 않으니까. 조금씩 먹으면 좋을 것 같다. 나는 약용으로 쓸 필요가 없어서 나물이나 국으로 먹는다. 오늘 아침은 어제 우려 둔 지칭개를 꼭 짜서 잘게 썰어 된장국을 끓였다. 국물 맛이 좀 쓴 것 같아서 들깨가루도 넣고 다시마 가루로 중화시켰더니 먹을 만하게 되어서 밥 먹기가 좋았다.

요즈음 머위 나물을 자주 먹는다. 오늘 머위의 효능을 알리는 동영상을 보낸 이가 있었다. 이것도 보약 중의 보약이란 이야기였다. 언니들에게 보내주었더니 머위를 좋아해서 자주 먹는데 그런 효능이 있는 것을 몰랐다고 한다. 겨우내 땅속에서 견딘 힘이 사람에게도 웅크렸던 겨울의 속을 씻어내는 작용을 하나 보다. 그래서 흔히 봄에 나오는 풀들은 대부분 먹을 수 있다고들 한다. 새봄의 약이 된다는 말이다.

지칭개란 이름을 달게 된 연유와 역사도 있으리라. 부르기도 이상한 이름이지 않은가. 우리말의 '주츰'에서 시작된 것이 아닌가, 내 나름의 상상이다. 그 풀을 발끝에서 보면 내가 주춤거렸으니까.

검색해보니 복잡하여 알 수 없는 말도 많다. 쉽게 말하자면, "중국 명 니호채(泥胡採)는 구황본초에 구황식물로 기록된 것이 시초이고, 직역하면 진흙과 오랑캐 지역에서 자라는 나물이라는 뜻이지만, 정확한 유래는 알려져 있지 않다." 일본 명 호소(狐蘇)는 여우를 닮은 엉겅퀴라는 뜻으로 엉겅퀴 속 식물과 유사한 식물이라는 뜻에서 유래 하였다. 그래서 지칭개 꽃이 엉겅퀴 꽃과도 비슷한가 싶다. 한국명 '지칭개'라는 이름은 중국 명이나 일본 명과 전혀 같아 보이지 않는다. 지칭개라는 말은 도대체 어디에서 왔을까? 여러 자료가 있겠지만, '지치과이', '즈츰개' 등으로 알고 싶다. 나도 즈츰, 주츰하였으니까. ㅎ! 지칭개 나물 때문에 나도 지칠 것 같으니까. 우선 그렇게 알고 넘어가야겠다.

'자세히 보아야 예쁘다/ 오래 보아야 사랑스럽다/ 너도 그렇다/' 라고 했던가. 이 시구는 지칭개에게도 해당하는 말이 되었다. 오래 보아야 사랑하게 되고 알게 되니까 먹게 된다. 땅에 붙어 넓게 퍼지는 모양이 민들레와도 비슷하여, 이런 식물을 로제트식물이라고 한다는 것도 알게 되었다. 땅바닥에 둥글고 넓게 펴져 크는 식물을 그렇게 부른단다.

지구상의 수많은 식물이 모든 생명을 살게 한다. 우리 주위에서 이른 봄부터 겨울의 추위를 이겨내고 땅 밑에서 올라오는 어린잎은 보는 것만으로도 생기가 돋는다. 잘 알지 못하면서 아는 듯 좋아했던 식물들이 얼마나 많은가. 이름이 알려진 봄나물이 백여 개나 된다니, 겨우 몇 가지 알면서 볼일 많은 봄이라고 좋아만 했다. 모른다고 지치지나 말아야겠다. 자연에서는 알지 못하는 풀 한 포기도 제 역할이 있으리니….

무궁화꽃이 피었습니다.

전주에서 고산 쪽으로 나가면 무궁화나무 가로수 길을 지나게 된다. 무궁화나무마다 탐스러운 꽃이 피어서 보기 좋다. 대아저수지 길을 돌아 나와서 송광사 옆의 연밭에 닿았다. 코로나 19로 인하여 모임을 못하게 되어도 연밭 주위에는 자동차들이 즐비했다. 한둘이나 서넛이 연밭을 돌아 나가고 있었다. 한낮에 땀에 젖어서 걷다가도 연꽃을 보면 의연해진다. 서지상하(西池賞荷), 부채와 죽부인 정도밖에 없었던 옛날의 피서법 중의 하나가 '서쪽 연못에서 연꽃 구경하기'였다니!

몇 년 전의 여름 어느 날이었다. 연밭에서 연꽃을 감상하다가 저녁이 되어 주위가 어둑해졌다. 아! 무궁화나무구나! 연못을 둘러싼 울타리에 돌돌 말린 무궁화꽃들이 달려 있었다. 불현듯 떠오른 글. "깊은 밤중의 무궁화나무 덩어리에는 야광 페인트처럼 빛나는 부분이 있다. 다물어서 길쭉해진 꽃들이 어둠을 배경으로 짧은 붓 자국의 흔적으로 나타난다." 고(故) 김점선 화가의 말이다. 내가 본 것이 바로 그 어둠 속의 붓 자국이었다.

몇 그루의 무궁화나무들은 지금은 없어지고 주차장이 되었다. 연밭의 가운데로 난 길가에 한 그루의 무궁화나무 꽃들이 찬란하게 푸른 하늘 밑에 빛나고 있었다. 연밭의 주인공은 연꽃이어서 아무도 무궁화꽃은 눈여겨보지 않았다. 연못가에서 나는 무궁화꽃을 올려다보며 사진에 담기도 했다. 화가 점선과 내가 체험했던 무궁화의 기억을 간직하고 있기 때문이다.

그녀는 어렸을 때 무궁화꽃이 촌스럽고 벌레가 많이 끼어서 싫다고 말하는 사람들 얘기를 들은 뒤부터 무궁화나무를 생각했다. 왜 하필이면 조상이 이 꽃을 자손들에게 기억시키려고 했을까. 어른이 된 점선은 무궁화나무가 다섯 그루나 있는 넓은 마당이 있는 집에 살았다. 여름이 시작되자 무궁화나무의 잎사귀를 갉아 먹고 있는 벌레 한 마리를 보았다. 차츰 벌레가 많아지고 잎사귀는 구멍만 난 게 아니라 잎줄기만 남기고 통째로 없어졌다.

나무에도 생명력이 있다. 나무도 자신을 지켜야 한다. 사람이 나무 편을 들어서 벌레를 죽여주는 것은 자연의 질서를 파괴하는 일이라고 그녀는 생각했다. 벌레는 오로지 무궁화 잎만 먹었다. 다른 나무에는 벌레는 없었다. "스스로 살아갈 힘이 없는 나무는 죽어

마땅하고 사람도 국가도 마찬가지다. 그것이 우주의 질서라고 생각했다."

무궁화나무는 완전히 벗은 상태가 되어 하늘 속에 모든 가지를 뚜렷이 드러내게 되었다. 어느 날 나뭇가지 끝의 연두색이 짙어진다 싶더니 싹이 텄다. 잎들이 죽어가던 속도보다 더 빨리 피어났다. 그래도 그녀는 아무 말도 않고 아침저녁으로 물을 주었다. 무궁화나무는 완전히 회복되었다. 그해 여름에는 한 열흘쯤 꽃이 더디게 핀 것 말고는 아무 일도 없었단다. 그야말로 은근과 끈기의 무궁화 정신을 물려받은 그녀였다.

무궁화 꽃은 본래의 아름다움이 무엇엔가 가려져서 조금만 보이는 듯한 그런 꽃이다. 그 가려진 것을 치우고 싶게 만드는 꽃이다. 언젠가 더욱 아름다워질 것만 같은 그런 꽃이다. 무궁화 꽃에는 절제 속에 가득한 힘, 숨겨진 힘, 절제와 질서와 힘을 동시에 포함하고 있는 듯한 이상한 아름다움이 스며있다. 그해 여름, 그런 아름다움이 빗물에 젖은 커다란 무궁화나무 전체에 펴져 있었다.

무궁화꽃은 초여름부터 늦가을까지 오래오래 핀다. 여름 내내 무궁화는 새로운 꽃이 빛을 향해 열리고, 저녁이면 소리 없이 접힌다. 무궁화나무 밑을 보면 돌돌 말린 채 떨어진 꽃송이들이 수북하다. 어제의 꽃들이 떨어진 위에 오늘의 꽃이 밤중에 또 소리 없이 쌓일 것이다. 그래서 무궁화꽃은 종이에 그릴 수는 있지만, 꺾

꽃이를 할 수가 없다. 그렇게 무궁하게 피고 지고 오랫동안 언제나 싱싱하고 건강한 아름다움을 드러낼 것이다. 우리 한민족의 근면성과 순결, 끈기와 유구성이 무궁화의 생태적인 특성을 닮아 은연중에 나라꽃이 되었을까. 고대로부터 우리나라에 많이 자생했다는 무궁화 꽃이 우리 민족을 닮아서일까. 이름처럼 무궁히 뻗어 나갈 민족이며 '무궁화 삼천리 화려강산'이 아닌가. 이 엄중한 바이러스 시대의 폭염 속에서도 꿋꿋이 살아가는 무궁화나무의 정신을 본받아야 할 것 같다.

꽃으로 말하다

내일은 비가 온다니까 오늘 꽃비를 맞으러 가세!

연락을 받고 불현 듯 달려간 쌍계사 벚꽃 길은 꽃구름이 벌써 걷어지고 있다. 붉은 꽃 꼬투리가 마치 꽃봉오리 같아서 다시 꽃피울 때로 되돌아가는 것 같기도 하다. 곳곳의 후미진 그늘의 나무는 환하게 아직 피고 있는 곳도 있다. 좀 아쉽긴 해도 꽃이 필 때가 있으면 질 때의 풍경도 한 몫 한다는 것을 여실히 말하고 있다. 꽃구름 속을 걸었던 옛날 추억의 그림 속을 거닐었다. 강변의 삼거리 쉼터의 꽃밭에서 또 하나의 사진을 담기도 했다.

화사한 벚꽃 구름 대신에 붉은 겹홍매 나무 거리를 만나서 가슴이 확 타올랐다. 과연 나무는 꽃을 피워내야 그 존재감이 드러나는 것인가. 벚나무 거리에 그런 빨간 겹홍매가 있는 줄을 어찌 알았으랴. 칠불사 올라가는 산골짜기에는 그렇게 붉게 피는 겹홍매가 길 모퉁이마다 늘어서서 지나는 과객들의 시선을 사로잡는다. 알고 보니 만첩홍매라고도 한단다. 홍도화라고도 하는 것 같다. 수양홍도화라는 나무도 자주 보인다. 벚꽃이 피는 철이면 꽃구름 속을 헤매다 말았던 것인가. 그렇게 붉게 피는 꽃나무들이 많은 줄을 몰랐다. 하얀 꽃구름이 걷어지는 때를 기다렸다가 자신을 드러내는 것이리라. 낯빛을 붉히며.

아직 새잎이 나기 전에 꽃으로 먼저 말하는 것인가. 지난번 자매들과 내소사에 갔을 때였다. 아직 매화가 남아 있는 곳이 많아서 며칠을 매향 속에 묻혀 지냈다. 내소사의 대웅전 앞마당에 피어 있는 붉은 홍매가 목련꽃과 마주하여 매력적인 풍경을 만들고 있었다. 마당을 거닐던 사람이 사진을 찍어주었다. 또한 본전 마당에서 옆으로 나오는 전각 사이의 모퉁이에서 수형이 빼어난 산수유나무를 만났다. 몇 번 갔을 때도 그런 산수유나무가 있는 줄 몰랐다.

산수유나무는 몸피도 거칠거니와 위로 자라는 가지들이 산발적으로 뻗는 것 아닌가. 이 나무는 수형을 만들어준 나무라는 것을 알 수 있었다. 삼층으로 둥글게 나뭇가지를 잡아주어서 아름다움을 자랑할 만한 빼어난 모습을 지니고 있다. 둥글게 피는 꽃송이처럼 나무 자체가 둥근 형태를 지니고 있다. 신기하여 한참 바라보다 꽃송이들마다 눈길을 주며 탑돌이 하듯 나무를 빙빙 돌며 올려다

보았다.

날이 흐려서 먼 풍경을 바라보는 것보다 전시품을 볼 수 있는 곳을 찾아다녔다. 금구원 야외 조각공원에 갔을 때다. 입구의 수선화 밭의 노란 꽃이 단체로 환영하고 있었다. 그때도 조금 높은 언덕의 여인 조각상 사이에 고매(古梅) 몇 그루가 낯을 붉히고 그 오랜 세월의 향기를 풍기고 있었다. 비에 젖은 꽃잎의 이슬방울이 영롱하여 차라리 나무의 눈물방울 같았다. 그런 고목에 꽃이 피지 않았다면 조각상만 보며 그냥 지나쳤으리라.

나무는 꽃으로 그 존재감을 말없이 드러낸다. 사람들의 시선이 머문 꽃자리에 열매 맺는 것일까. 언젠가 배꽃 과수원 아저씨의 말이 떠올랐다. 왜 꽃만 보고 그 열매를 보러 오지 않느냐고 말이다. 그해 가을에 나는 배꽃이 맺은 커다란 공 같은 열매를 한 상자 사왔다. 봄에 본 꽃나무의 꽃잎이 떨어지는 것을 보며 애달파 하지 않으리라. 꽃 지고 나면 그 자리에 열매를 맺고 자라나서 익을 때가 있을 것이 아닌가. 익은 열매는 떨어져서 공양하며 본래로 돌아가기도 하고 사람과 하나를 이루기도 하리라.

사람은 언제 자신의 존재감을 드러내는 것인가. 나에게도 꽃피는 청춘 때가 있었던 것은 분명하다. 일생에서 청춘이 일찍 오는 사람도 있을 것이며 늦게 피는 홍도화처럼 늦은 청춘을 맞는 사람도 있으리라, 그리고 자기 생의 이력에 따라 여러 모양의 열매도 맺으리라. 나는 어떤 꽃을 피우고 어떤 열매를 맺었던가. 마음은 언제나 청춘이건만 노년기에 새봄을 맞는 환희가 애틋하도록 생경하다. 인생사 꽃 피고 지는 것처럼 순식간에 일생이 지나고 마는 것을.

오랜만에 찾은 칠불사는 그동안 불사를 많이 이루었다. 마당에서 나물을 캤던 곳은 시멘트 주차장이 되었고 건물도 두 채나 지었다. 초의선사가 다신전(茶神傳)을 집필했던 곳이라 의미가 있는 절이다. 선방인 아(亞)자 방은 수선 중이다. 옛날에도 그 마당에 그토록 커다란 목련나무가 있는 줄 몰랐지. 올해 본 목련 중에서 가장 키가 큰 나무이다. 두 나무 사이에서 양팔을 뻗어 보았다. 꽃잎이 수북이 떨어지고 있다. 높은 산기슭이라 아직 매향이 옷깃에 스민다. 해우소 옆의 자목련도 옛날에는 몰랐던 나무다. 나무는 꽃으로 말하는 것을….

벚꽃이 피는 계절이면 괜스레 마음이 조마조마 설레기 마련이다. 피기도 전부터…. 어제 내린 비에 핀 꽃이 오늘 아침 바람에 떨어지기 때문이다. 과연 비가 내리고 있다. 어제 만나고 온 꽃들이 오늘 비바람에 떨어지고 있겠다. 그러나 아직 새봄을 여위지 말자. 산벚꽃 진 자리에 몽실몽실 새잎 나고 땅 밑의 풀꽃들이 여기저기 피어난다. 볼일이 많아서 봄이 아닌가.

길 위에서

우리는 안다.

모든 길의 허허로움을, 아득했던 슬픔과 고통을 안고 한 때 사랑했던 기억만으로도 지친 세월은 아름다운 길이었다는 것을. 마음의 행로, 그렇게 많은 세상살이의 길, 어떤 길이 진정으로 우리가 가야 할 깨달음의 길일까. 진리에 이르는 길도 시대에 따라 너무 많아서 사람들은 길을 잃는다.

우리 앞에 여러 갈래의 삶의 길이 뻗어 있었지, 그러나 오직 한 길을 선택할 수밖에 없었다. 길을 가다가 험난한 고갯길과 가시밭길도 만났다. 비바람도 폭우도 만났다. 그래도 되돌아갈 수 없었다. 여우비가 내리는 여름날은 무지개를 만나는 행운도 있었기에. 무지개다리 끝까지 가보지 않고서는 그만둘 수 없었다. 무엇보다 내가 선택한 길이었으니까. 어디쯤 가고 있는지, 아직 가야할 길이 얼마나 남았는지, 가는 동안 안개 속을 헤매다 놓친 소중한 그 어떤 것들이 있었는지도 모른다. 그러나 한 길을 끝까지 가 본 사람은 안다. 자신이 선책한 길은 후회하지 않는다는 걸. 모든 길은 서로 통한다는 것을. 자기의 길을 넘어온 사람은 서로를 알아볼 수 있다. 그래서 마음이 통할 수 있다. 같은 세상길을 걸어온 것처럼, 오랜 지기처럼.

길 위에서 우리는 자주 묻는다. 내가 무엇이기에 여기에 있으며, 이 길을 가고 있는가. 어디로 가고 있는가. 방향을 놓치지 않아야 한다고 다짐한다. 왜 그 길을 선택할 수밖에 없었는지 알 수 없었던 인생의 행로, 저 피안(彼岸)의 세계에서 차안(此岸)으로 떠나올 때 터지고 만 충격의 봇물은 망각의 늪을 이루었다. 여행에서 도착해야 할 곳이 우리가 떠나온 지점이었다는 것을 상기해야 한다. 되돌아가야 할 본향인 피안으로 다시 돌아가야 한다면 다시 깨어나 그 길을 밝혀내야 하는 임무가 우리의 세상길인가 싶다.

결국 도착할 곳은 떠나온 그 출발의 자리였다. 길을 잃고 헤매다가도 언제나 돌아오기 위해서 떠나지 않는가.

가을 전시회

현악기들의 합주가 내 마음에 잔잔한 물결을 일으킨다. 장엄하기도 하고 때로는 감미롭기도 한 사이 외마디를 지르는 듯한 나팔소리가 고요한 마음을 일깨우기도 했다. 팀파니와 북소리가 현악기의 합주에 새로운 통로를 열며, 오케스트라의 변주에 떠오르는 피오르와 겹쳐지는 영상들은 우리의 가을이었다. 북유럽의 교향곡은 갑자기 가을 전시회장의 배경음악이 된다.

서막은 제주에서 시작되었다. 초가을의 바닷바람이 아직은 시원하여 가슴이 열렸다. 버스를 타고 제주시를 관통하면서 자매들과의 우의도 다졌다. 성산포의 정상에는 오르지 못했지만, 흰 거품을 토해내는 망망한 파도를 바라보는 것만으로도 잡다한 상념들이 거품처럼 사라졌다. 해안의 바람에 휩쓸려 하늘로 치솟을 것 같은 전율도 일었다. 서늘하고 상쾌한 바람을 안고 산굼부리 억새밭을 한 바퀴 돌고 나오는 동안 변덕스러운 제주의 날씨는 비를 뿌리기도 했지만, 한라산을 닮은 산굼부리 분화구는 젖은 그림 한 장이 되었다. 다음 날은 '오설록'의 전시장이었다. 그곳에서만 맛볼 수 있는 녹차 케이크와 아이스크림도 즐겼다. 바다같이 넓은 차나무 밭에서 어여쁜 차 꽃들과 숨바꼭질하며 한나절 놀았다.

차나무는 실화상봉수(實花相逢樹)다. 대부분의 관광객은 차나무의 꽃은 모른다. 단지 초록 잎들이 바다같이 펼친 차밭의 풍경만으로도 환호한다. 차꽃은 가을에 피어난다. 지난해 가을에 피어서 겨울 지나면서 열매를 맺어 봄여름 동안 키운다. 익은 열매가 달린 가지에서 새로운 동생 꽃이 핀다고 하여 화실상봉수, 즉 꽃과 열매가 한 가지에서 만난다고 하여 그렇게 부른다. 한 청년이 차꽃을 발견하고 자세히 살펴보기에 그 이야기를 해주었다. 새삼스러운 발견을 했다고 매우 기뻐하였다. 기쁨을 나누니 두 배 즐거웠다. 기계로 찻잎을 깎아내지 않은 차밭에서 가을의 새잎을 한 줌 따서 그날 밤 청차를 빚었다. 오묘한 바닷바람이 베인 차 맛까지 즐길 수 있었다.

가을의 발걸음이 바빠진다. 지리산으로 뒤좇아 갈까 하던 발걸음을 되돌린다. 언젠가 충주호를 지나 제천의 송계리에서 취했던 월악산의 정취가 생각났다. 밤을 새운 다음 날 아침 월악산 덕주사의 단풍에 감격했다. 기다려주기나 했던 것 같은 덕주사 단풍나무는 오케스트라의 1악장이었다고나 할까. 계곡을 지나 영봉 밑의 마애불까지가 1.6 km여서 오르기로 한다. 영봉이라면 우리나라에서 신령 영(靈)자가 붙는 산은 백두산과 월악산뿐이라지 않는가. 넓은 돌바닥 길은 걷기는 쉽지만, 계속 오르는 길이어서 힘들다.

숲속은 단풍이 져가는 중이다. 오케스트라의 2악장을 연주하는 것일까. 조용히 숨 고르며 오르다가 갑자기 팀파니가 기운을 나게 하듯 우람한 나무 자태는 생기를 채워준다. 발걸음이 무거워져서 너럭돌 위에 앉아서 숨을 고른다. 숲속의 나무에 기대니 나도 숲의 일원인 한 나무다. 여러 종류의 나무들이 잎을 여위어 가고 있는 가운데 초목들과 쓰러져 누운 풀더미조차 한세월의 이야기를 풀어내고 있는 듯하다. 인간 군상들도 세상 숲에서 살아가는 동안의 숨찼던 세월을 고르기 위하여 산을 오를까.

드디어 마애불로 들어서는 대문이 나온다. 협주곡에서 피아노가 강렬한 소리를 내면서 갑자기 등장하듯 커다란 은행나무는 화면을 꽉 채우는 듯 그렇게 감동적으로 내 앞에 나타난다. 동행한 여인의 빨간 점퍼가 샛노란 은행나무 둥치에 매미처럼 붙어 있는 모습이 어찌나 아름다운지. 그리고 마애불 단 아래의 빨간 단풍나무는 또 하나의 현란한 피아노의 외침으로 등장하는 것이다. 스러질 듯 놀람의 감동으로 저절로 마애불 앞에 엎드려진다. 삼배를 올리고 나도 부처 모양으로 명상 자세를 취했다. 넓은 바위 표면에 음각으로 새긴 불상이다. 바위에 새긴 것이 가장 오래 기억되리란 믿음으로 천 년을 이어가는 불상으로 남았다. 본래 부처가 바위 속에 숨었다가 선각으로 나타났는지도 모를 일이다.

가장 높은 곳의 산신각 앞에 서니 주변 산 능선이 한눈에 펼쳐 보인다. 오케스트라의 모든 악기가 제각각의 특유한 소리를 뿜어내어 교향곡의 클라이맥스를 장엄하는 듯한 울림으로 다가온다. 마침 낮달까지 하늘에 떠서 소리 없는 그림으로 월악산의 월광 소나타를 연주한다. 가슴이 환해진다. 그대로 마애불 옆에 그냥 머물고 싶다. 아래에서 기다리는 사람이 있어 아쉽게도 '아다지오'로 내려가야 한다.

늙어서 아름다운 절, 화암사를 오랜만에 다시 찾았다. 안도현의 〈내 사랑, 화암사〉와 나의 글 〈화암사〉의 추억이 새롭다. 다시 찾은 화암사의 극락전은 좀 더 늙어진 것 같아 아련했다. 극락전 안의 닫집의 오묘한 조각품들이 새로운 기운을 주기도 하고, 승탑비가 있는 언덕에서 내려다보는 가을 산의 합주곡도 강렬했다.

가을 색 진한 그림이 많다. 인상적인 것은 대둔산 안심사 가는 길의 감나무. 가을 하늘에 빨간 점을 무수히 찍고 있다. 바라보면서 달콤한 가을을 먹는 그림이다. 수확하지 않는 것은 먹는 것보다 보는 맛을 더 즐기라는 뜻이지 싶다. 줄줄이 그 단맛을 간직하려 살을 말리며 애쓰는 곶감 줄이 또 하나의 화폭이다. 이어서 안심사 들머리의 빼어난 소나무와 대비된 우람한 단풍나무들. 경내의 단풍나무의 물감이 절정으로 그 색을 자아내고 있다. 자신의 선 자리에 따라서 먼저 피었다 가는 나무와 절정을 타오르는 나무가 서로 이별의 손짓을 나누는 것도 같다. 지난했던 삶의 고비를 넘기면서 쌓인 색깔이리라. 아름다움이란 나타난 형상이 사라져가는 순간의 빛남이 아니던가. 잡을 수 없는 것이 또한 아름다움의 정체이다. 모든 것은 지나가고 있으며 또다시 새로운 이야기로 꽃피우리라.

단풍 숲에서 가을을 잔뜩 먹은 몸을 뉘었다. 붉게 물든 나무 밑에서 나도 붉어져서 망연했을 때, 떨어지는 단풍잎이 말을 건네는 듯 내 어깨 위로 살포시 내려앉는다. 꽃필 때가 있으면 그 꽃 지는 때도 반드시 있다고…. 떨어져 쌓인 낙엽 위로 바람의 현이 스친다.

힘내라, 가을이다, 사랑해!

가로수 잎이 다 떨어졌다. 시퍼런 초록 잎이 무성하던 은행나무들이 가을에 접어들자 샛노랗게 물들어 아름다웠다. 매일 색이 바래고 떨어지다 이제 마지막 잎을 단 나무들이 그의 참모습을 드러냈다.

낙엽을 끌어 모으는 청소부 아저씨들의 손길에 잡힌 낙엽들이 제각각 생의 이야기를 마감한다. 온전한 잎으로 떨어진 잎이 있는가 하면 상처 난 잎과 무늬가 아름다운 것도 있다. 빨간 단풍잎은 주워서 책갈피에 꽂고 싶기도 하다. 우리 인생도 그와 다르지 않다. 지난해 가까운 문인과 지인도 별세하였다. 마음이 스산하고 죽음에 대한 명상이 깊어진다.

비석에 새긴 묘비명 광고가 있었다. 죽어서도 사람을 즐겁게 해주는 묘비명으로 알려진단다. 풍자와 독설로 한 시대를 풍미한 영국의 극작가 버나드 쇼는 94세로 마지막 유머를 남겼다. "우물쭈물하다가 내 이럴 줄 알았다."

걸레 스님으로 유명했던 중광스님은, "괜히 왔다 간다."

시인 박인환과 천상병은 시를 남겼다.

요절한 박인환은 "세월이 가면."으로 마지막 시를 남겼다.

또한 천상병은, "나 하늘로 돌아가리라./ 아름다운 이 세상 소풍 끝내는 날,/ 가서 아름다웠더라고 말하리라."

조병화 시인은, "어머니, 심부름 다 마치고/ 어머님께 돌아왔습니다."라고 묘비를 남겼다고 한다.

니코스 카잔차키스의 마지막 유언이자 묘비명인, "아무것도 바라지 않는다, 아무것도 두렵지 않다, 나는 자유다."를 기억한다. 인생에 대한 여한이 남아 있지 않는 말이다.

프랑스 작가 미셸트루니에에는 인생 예찬을 묘비명으로 남겼다. 내 그대를 찬양했더니, 그대는 백배나 많은 것을 갚아주었다. 고맙다. 나의 인생이여!

오래되어도 맛이 변하지 않는 특별한 와인처럼 늙어가는 사람들이 있다. 얼마나 오래 사느냐 보다 어떻게 오래 살아가는가가 뜻깊은 시대라고 한다. 94세까지 환자를 돌보아 왔던 의사 한원주 박사가 지난 10월 어느 날 타계하였다.

연합뉴스는 국내 최고령 현역 의사로 활동한 한원주 매그너스요양병원 내과 과장이 소천했다고 발표했다. 향년 94세. 경기 남양주 매그너스요양병원과 유족 측도 내과 과장이 지난달 숙환으로 별세했다고 11월 5일 밝혔다.

자신이 말년을 헌신한 병원에 입원해 생의 마지막 일주일을 지내다가 영면에 들었다. 고인이 오래 생각해온 마지막 뜻이었다. 매그너스요양병원 관계자는 "모든 직원의 정신적 지주였던 원장님께서 돌아가셔서 갑자기 어깨가 다 무너진 것 같다"며 환자분들도 한마음으로 안타까워하고 슬퍼했다고 전했다.

원장님께서는 마지막까지 반듯한 모습으로 모든 이들의 귀감이 되셨다고 하면서 "병상에서 '원장님'하고 불러드리면 눈을 크게 깜박이셨으며, 조용히 마지막 길을 떠나셨다."라고 울먹였다.

80대 중반의 나이에 요양병원의 의사로서 도전한 고인을 직원들은 예우 차원에서 '원장님'이라고 불렀다. '사랑으로 병을 나을 수 있다'는 지론으로 환자들에게 정성을 다하는 태도와 '국내 최고령 현역 여의사'라는 이력은 각종 티브이 프로그램에 소개돼 화제를 일으키기도 했다.

독립운동가이자 의사였던 아버지(한규상)와 독립운동가 어머니(박덕실) 사이에서 태어난 고인은 1949년 고려대 의대 전신인 경성의학 여자전문학교를 졸업해 산부인과 전문의를 취득했다. 남편과 미국으로 유학 가 내과 전문의를 딴 뒤 귀국해 개업의로 일했다.

활발하게 병원을 운영했으나 약 40년 전 남편의 죽음을 계기로 병원을 정리하고 의료선교의원을 운영하며 수십 년간 무료 진료 봉사활동을 펼쳤다.

이후 80대 중반의 나이에 요양병원의 의사로 일하기 시작해 별세 직전까지 매일 10명 이상의 환자를 진료했다. 지난해 가을 '백 세 현역이 어찌 꿈이랴'는 제목의 에세이집도 출간할 만큼 왕성했으며, 별세 직전까지 노인 환자들 곁을 지키려고 애썼다.

고인이 별세 전 가족과 직원들을 향해 마지막으로 남긴 말씀은 단 세 마디였다고 한다. "힘내, 가을이다, 사랑해!"였다.

그는 매일 눈썹을 그리고 입술은 엷게 분홍빛으로 그렸다. 예쁘게 보이고 싶은 마음은 살아있다는 원동력이라고 했단다. 흰머리를 감싼 검은 모자는 그의 상징이었다고 한다. 나에게도 상징이 있다면 모자와 헐렁한 청바지가 아닐까 하는 생각을 하면서, 색조 화장은 많이 하지는 않지만 나도 입술은 그린다. 살아 있다는 증거인가 싶다. 80대 중반에 요양병원의 의사로 새롭게 시작한 그에게서 새로운 희망과 용기를 얻는다. 아직 좋은 글을 쓰지도 못했으니….

나도 이 가을에 움츠러들지 말고 힘을 내보리라. 힘내자, 겨울이 오고 있다. 사랑해.

잎갈이

– 겨울 숲에서

졸가리들만 남은 겨울나무가 갸륵하다. 회색빛 도화지의 나뭇가지 소묘다. 눈이라도 내린다면 앙상한 가지 끝에도 생기를 얻을까. 잎을 다 여윈 가지들이 희망의 새싹을 키우기 위하여 숨을 고르는 계절. 가느다란 졸가리 끝까지 땅 밑 어딘가에서 자양분을 끌어올리는 뿌리의 숨결이 있으리라. 무엇이 그 기운을 생동하게 하는가. 하늘의 태양과 바람, 구름과 비. 그 모든 것을 조화로운 생명의 기운이 되게 하는 순환의 힘이 있다. 찬 겨울이기에 그 생명의 기운이라도 은근하게 느껴보고 싶다.

편백 군락지로 든다. 빈 산 너머 푸른 숲이 이 겨울엔 유난히 짙푸르다. 벌써 숲 향이 내려앉아 온몸을 적신다. 숲으로 오르는 길은 아직 잔설이 녹는 중이어서 조금 미끄럽다. 구름에 가려진 해가 곧 사라질 것 같은 시각, 잠시 흙을 밟는 즐거움을 누린다. 비탈진 길이지만 바닥에 쌓인 갈잎이 양탄자 같아서 발걸음을 떼기가 수월하다. 세한연후(歲寒然後)에야 소나무와 잣나무가 푸른 줄 안다고 했지만, 오늘은 유난히 저 푸른 잎나무가 거룩하게 보인다.

새해 하루를 시작하면서 지난해를 떠올려본다. 생각해보니, 힘들었지만, 힘든 줄 모르게 해갈이의 급물살을 탔던 것 같다. 2년째 '코로나 19' 소식을 비롯한 어수선한 뉴스가 연일 보도되었다, 마스크를 쓰고 외출해야 하는 일도 힘들었지만, 모든 모임도 자제해야 하는 형편이니 한편으로는 단순한 생활 방식으로 나를 방목하는 것 같은 자유스러움도 있었다. 가을이 되자 위기를 넘는 산행의 마지막 고비를 넘는 것 같았다.

비탈진 길을 오른다. 폭삭폭삭 발을 뗄 때마다 갈잎들이 주는 아늑한 감촉이 심장으로 전해온다. 나무뿌리가 뻗어 비탈진 길을 받쳐주어서 허리의 힘을 끌어내는 일도 상쾌하다. 나무 밑에 스펀지처럼 쌓인 갈잎들은 얼마나 긴 시간 나무 밑동을 덮고 삭았을까. 생명의 생산물이 또 다른 생명의 영양분이 되기 위해서는 원래의 형체가 부서져서 가루가 되어야 하지 않는가. 갈잎은 산의 맨살을 보호하면서 퇴적층을 이루고 밑층에서 썩으며 땅과 일체가 되어가고 있다. 싱싱한 잎으로 나무에 매달려 나무의 테를 키우던 시절이 있었을 테다. 하늘을 향해 쭉 쭉 뻗은 나무 끝을 올려다보는 나도 하늘로 쭉 빨려드는 것 같다. 어느 하나가 더 올라서서 더 높은 것도 없고 적당한 거리에서 서로 어울려 하늘에서 땅의 생김새 따라 능선을 이룬다. 서로의 어울림이 멋지다. 함께 어울려야 잘 살 수 있다는 것을 그림으로 알려준다.

껍질이 다른 나무 하나. 소나무다. 편백만 모여 있는 곳에 소나무가 하나가 섞였다. 같은 성질의 나무라 함께 어울려 하늘로 치솟아 가지 끝을 맞대고 있다. 나무 밑은 풀 한 포기도 없는 널찍한 돌들이 많다. 좀 더 오르니 너덜지대가 나타나고 갈잎 돗자리를 편 듯한 쉼터가 띄엄띄엄 자리하고 있다. 봄여름 가을마다 오갔던 많은 사람의 세속 숨결을 숲은 모두 안았으리라. 겨울 숲이어서 아주 고요하다. 새소리도 사라지고, 벌레 한 마리도 보이지 않는다. 드문드문 사람의 발걸음 소리가 아래 큰길에서 울릴 뿐. 오직 나 홀로 나무처럼 나무 옆에 섰다. 하늘을 올려다보면 나뭇가지 사이로 희끗희끗한 하늘색이 얼비친다.

가만히 앉아서 눈을 감아본다. 나무처럼 미동 없이 고요하게 나무의 숨결에 가슴을 열어본다. 온몸으로 나무의 말을 채집하며 향에 젖는다. 어쩌다 나무 밑으로 내려와 앉는 희부연 볕뉘를 물끄러미 바라보는 것만으로도 새 숨결을 받는 것 같다. 사철 푸른 나무도 분명 잎갈이 할 때가 있으리라. 나무 밑에 바늘 갈잎들이 수북이 쌓인 걸 보면. 소나무는 1년생 잎과 2년생이 함께 있기 때문에 늘 푸르게 보인다. 나무는 그렇게 아무도 모르게 언제 어떻게 잎을 떨구고 새잎을 키우는지 알 수 없다. 소나무의 새잎은 3년생 정도가 되면 노쇠하여 떨어진다. 더는 나무에 이득이 되지 않는단다. 그리하여 푸른 숲은 언제나 한결같은 모습으로 인간에게 치유의 향을 발산하고 있는 것이리라. 사람이 알아챌 수 없는 사이에 신비한 향을 모은다. 자연의 이치를 다 알려고 하는 일도 욕심일까. 자연의 이치를 잘 몰라서 인간은 그 순리에 맞추지 않고 편리만 추구한 결과로 이 초유의 코로나라는 바이러스와 직면하게 된 것일까.

이 겨울에 나는 무엇을 여위고 무엇을 준비해야 하는가. 일생을 살면서 어떤 새잎을 만들고 털어내며 성장했을까. 수많은 욕망의 잎을 무성히 나풀거리면서 다른 나뭇잎을 시샘하며 살지나 않았을까. 지난 세월의 고통과 영광도 털고 다시는 욕망의 잎을 틔우지 않으리라. 도전 아닌 자연한 삶의 정진이 있을 뿐이다. 아직 새로운 잎갈이를 할 힘이 남았다면, 떨어낸 잎 진 세포층에 평화와 희망의 새순을 틔우도록 이제 호흡을 안으로 모으리라. 가녀린 졸가리들처럼 발끝과 손끝에서 머리끝으로 새 자양분을 호흡해야 한다. 심장의 박동이 습관에 낭비되지 않으려면 조용히 나만이 할 수 있는 일이 그것이며 자연에 어울리는 자세가 아닐까.

사철 푸른 나무가 잎갈이를 하듯이 고독한 명상의 숲에서 영혼의 촉수를 세워 간절한 기도라도 해본다. 누구도 그 무엇으로도 대신할 수 없는 나만의 깊은 호흡. 푸른 나무들이 아름다운 숲을 만들 듯이 이 지구촌에 어울리는 아름다운 인간 숲이 이루어지기를 바란다. 푸른 정신을 키워 청락(青樂)한 삶의 무늬를 만들어 가기를….

《사람은 살던 대로 죽는다》를 읽고

사람은 나이 20세가 넘으면 변화하기 힘들다. 아이큐란 것도 변하지 않는다. 기초적인 사고 능력은 잘 변하지 않는다. 어렸을 때의 습관이 평생을 좌우하기도 한다. 사람은 살던 대로 살기 쉬운 것이다. 그러나 건강은 변한다. 그래서 주기적으로 점검을 한다. 늘 새롭게 살기 위해서는 투철한 삶의 수행이 필요한 이유다. 시간이 길고 짧은 것도 나이에 따라 달라지는 것을 나이 들어서야 알게 된다.

"젊은 나이 때 갑작스러운 이별을 경험한 이야기를 통하여 삶을 - 지나온 생 - 되돌아볼 수도 있는 기회가 된다. A - F 학점을 매겨 본다. 하루는 B와 D점이 많다고 한다.

삶이 탄생과 죽음 사이에 존재한다는 사실은 삶에는 시작과 끝이라는 시간적 한계가 있다는 것을 우리에게 알려준다. 삶은 영원하지 않다. 프란츠 카프카는 삶이 소중한 이유는 언젠가 끝나기 때문이라고 했다. 만나면 이별할 때가 오듯 삶은 죽음을 동반한다. 죽음은 우리에게 삶이 영원하지 않다는 것을, 그렇기에 바로 지금 여기에서 나와 관계를 맺고 있는 사람들이 소중하다는 것을 일깨워 준다. 결국 죽음에 대한 이야기는 삶에 대한 이야기라는 것. 이 역설이야말로 죽음이 우리에게 가리켜 주는 삶의 위대한 지혜가 아닐까.

"소크라테스가 독배를 마신 이유. 정치적 이유로 고발당했지만, 자신의 사상을 포기하고 사형 선고를 면하기보다 부당한 죽음을 피하지 않고 그는 기꺼이 독배를 마셨다. 소크라테스는 죽음이란 누구도 경험해 보지 못한 일이며 죽음이 어떤 것이라고 말할 수 없다고 했다. 죽음을 모른다는 것이 죽음을 두려워할 이유가 될 수 없다는 것이다. 경험할 수 없는 사후 세계를 무조건 믿으라는 종교의 영역과 확실히 대비되는 태도인데, 그것이야말로 철학자의 진정한 모습이 아닐까 생각한다."

송나라 때 장자는 아내의 죽음을 맞이하고 '생명 변화의 이치'를 알고 울지 않았다.

"메멘토 모리(Memento mori)", 죽음을 기억하라.

"나바호 인디언의 메멘토 모리

나바호족에게서도 이와 같은 "메멘토 모리"의 이야기를 들을 수 있다.

"네가 세상에 태어날 때 너는 울었지만, 세상은 기뻐했으니, 네가 죽을 때 세상은 울어도 너는 기뻐할 수 있도록 그런 삶을 살아라."

"삶과 죽음에 대한 불교적 관점"

부처님의 생을 기리는 이유는 뭐라고 생각하는가?

'있는 그대로의 세계'를 보는 눈을 열어줬다고 해야 할까. 부처님은 편견이나 도그마, 미신 등에 묶여 있던 정신을 연기(緣起) 사상을 통해 인과(因果)원리로 밝혀냈다. 부처님이 위대한 신통력이 있기 때문에 기리는 것은 아닐 것이다.'

– 무엇이 '있는 그대로의 세계'인가?

"빠알리어로 세상은 '로까'이다. '파괴되고 붕괴되는 것'이라는 뜻이다. 우리 눈앞에 펼쳐진 현상(現象)세계는 괴롭고 무상(無常)하고 실체가 없다. 부처님은 '괴로움을 보는 자는 괴로움의 소멸을 본다.'고 했다. 깨달음은 '일체개고(一切皆苦·모든 것이 괴로움)' 진리를 터득해 그 괴로움을 뛰어넘는 것이다.”

미얀마의 철학자는 ‘개념적인 생일’과 ‘실제적인 생일’, 두 가지를 말했다. 실제적인 생일이란 매일 순간마다 나는 죽는다는 것을 아는 날이라고 한다. 나도 옛날 어느 때부터 생일에 대한 관념을 바꾼 적이 있다. 실제로 육신이 태어난 날을 생일로 축하하고 있다. 나는 생일날을 그리 중요하게 생각하지 않는 버릇이 생겼다. 날마다 나는 어떻게 태어나는지를 생각했다. 하지만 요즘 와서 너무 타성적으로 살고 있다는 것을 알아채던 중이었다.

사실 우리는 매일 매 순간 죽음을 경험하고 매일 새로운 삶을 살아간다.

– 늙고 죽는 것에 대한 두려움이 더 괴로운 것이다.

이런 생각을 한다는 자체가 나 자신이 늙어가고 있다는 증명 같기도 하다.

– 죽음은 옷을 갈아입는 것 –

임종을 자주 지켜본 이는 말한다. ‘사람은 살던 대로 죽는다.’

– 죽음을 아는 것은 삶을 알게 하고 어떻게 살 것인가를 알게 하는 일이다.

“그리스도교적 관점”

– 그는 죽었으되 죽지 않았다.

"유교적 관점" – 공자는 〈삶도 모르는데 어찌 죽음을 알겠는가.〉라고 했다. 그리고 아는 것을 안다고 하고, 모르는 것을 모른다고 하는 것이 참된 앎이다.

중국의 고대 사상가, 장태염은 죽음에 대해서 이렇게 말했다.

'앎은 살아 있는 동안에만 존재하는 것', '경험을 넘어서는 영역에서 말하지 않는 것'이라고 했다. 사후보다 주어진 삶의 한계를 받아들이고 충실히 살다가, 그 삶의 결과인 죽음을 겸허하게 받아들이는 것이 중요하다고.

미국인 허버트 핑가레르는《공자의 철학, 서양에서 바라본 예에 대한 새로운 이해》에서, 인간의 의례적 행위에서 인간성을 꽃피우는 것이 유교의 주요 주제라고 했다. 〈삶과 죽음을 연결하는 다리〉 의례적 관점, 장례식은 상례식 과정의 의미다. 불교학자 전재성은 그렇게 말했다

'죽음학' 강사는 말한다. 우리가 낯선 곳을 여행가기 전에 공부를 하듯 죽음이라는 세계를 여행하기 위해서는 준비하고 공부해야 한다고 말한다. 그 여행 준비에 따라서 지금 이곳의 삶이 달라질 수 있기 때문이라고 한다. '우리 모두의 죽음과 나의 죽음'에 대해서 시대적 관점도 많은 변화를 가져왔을 것이다.

얼마나 많은 주검이, 인류의 역사만큼이나, 죽음의 역사 속으로 사라져 갔던가. 수많은 죽음이 전쟁 속에 있었고, 병원에서 처리되는 죽음과 금지된 죽음에 대해서 어떤 해석을 할 수 있을 것인가. 지구에서의 사람의 역사란 어떤 측면에서는 전쟁의 역사로 점철되어 왔던 것도 사실이다.

누구도 죽음 이후를 체험하지 않은 상태에서 어떻게 그 죽음의 세계를 여행할 준비를 할 것인가. 누구나 죽는다는 사실은 분명하기에 그 순간을 준비하는 과정의 삶이라면 그 내용은 달라질 것이다.

15-16세기 성공회 신부였던 존 던(John Donne). '누구를 위하여 종은 울리나' - 누구든 그 자체로서 온전한 섬은 아니다. 모든 인간은 대륙의 한 조각이며, 전체 중 일부이다. 만일 흙덩이가 바닷물에 씻겨 내려가면 유럽의 땅은 그만큼 작아지며, 만일 강이 그리되어도 마찬가지이며, 만일 그대의 친구들이나 그대의 영지가 그리되어도 마찬가지다.

누구의 죽음도 나를 감소시킨다. 왜냐하면 나는 인류 전체 속에 포함되어 있기 때문이다. 그러나 누구를 위하여 종이 울리는지 알고자 사람을 울리지 말라! 종은 그대를 위하여 울리는 것이다!

- 13세기 널리 퍼진 '바도 모리(Vado Mori)라는 시,

"나는 죽으러 간다네
죽는다는 것은 확실하다네
죽음보다 더 확실한 것은 없다네
다만 그 시간이 언제일지 불확실할 뿐이라네
나는 죽으려 간다네."–

죽음은 확실하다. 죽음보다 더 확실한 것은 아무것도 없다. 시간은 불확실하다. 시간은 얼마나 지속될지 불확실하다. 바도 모리, '죽음의 춤'과 가장 가까운 텍스트다.

"푸르게 빛나는 보리수나무 아래, 그 무성한 나무 밑에서, 나는 새김을 확립하여, 깨달은 임에 대한 하나의 지각을 얻었다. 지금부터 삼십일 겁 전에, 그 당시에 얻은 지각, 그 지각의 영향으로, 나는 일체의 번뇌를 부수었다."(싼디따 장로)

죽음과 삶에 대하여 생각한 하루, 나도 언젠가 '바도 모리'라고 할 수 있을까 기꺼이, '죽으러 간다네.'라고?

이렇게 하루를 살았고, 하루 죽어간다. '바도 모리!' 부처님도 법구경에서 말했다. '죽어가는 자에게서 너 자신을 인식하라'

여유 있게 떠나온 곳에서 내 일생을 되돌아보는 시간. 치앙마이 시내 보리수나무 아래 카페에서 죽음의 관점에 대해서 생각했다.

빈 벽 앞에서

사방 빈 벽으로 둘러싸인 방. 한쪽 면은 유리벽이고 양쪽은 널찍하고 깨끗한 벽이다. 고요한 벽이다. 이태준이 그리워했던 그런 벽이 아닐까? “벽이 그립다. 멀찍하고, 은은한 벽면에 장정 낡은 옛 그림이나 한 폭 걸어놓고 그 아래 고요히 앉아보고 싶다.” 이처럼 말했던 그를 대신하여 나는 그런 벽 앞에 앉는다.

두 달 전부터 계획했던 일, 드디어 치앙마이에 도착했다. 비행시간 6시간 만에 겨울에서 여름으로 시공간을 넘어 성큼 들어섰다. 공항에서 출국 절차를 밟을 때부터 내의까지 입은 복장으로는 땀이 났다. 더운 나라인 것을 절감했다. 공항 밖은 약간 더웠지만, 밤이라서 숙소까지 그대로 왔다. 검은 하늘엔 반달이 선명하게 밝게 떠 있고 거리에는 꽃이 달린 가로수가 지나쳐가고 별빛이 내려앉은 것 같은 성채 문을 두 개나 지나고서야 숙소에 도착할 수 있었다. 시간상으로는 30분도 채 되지 않는 거리였다.

호텔의 현관에서 지문 인식을 했다. 2309호의 내 방을 찾아 들어갔다. 샤워하고 고요한 낯선 침대에 누웠다. TV도 손전화도 보고 싶지 않고 다만 피곤한 눈꺼풀이 무겁기만 하다. 너무나 적막하여 잠이 오지 않을 것 같다.

겨울마다 따뜻한 나라에서 살다가 오시는 '인연'의 그분을 볼 때마다 언젠가 나도 그분의 치앙마이 삶을 살아볼까? 하는 생각은 해왔지만, 새삼스레 관광 목적으로 국외 여행을 할 필요를 느끼지는 않았었다. 올봄에 차를 빚으면서 그분이 말씀하셨다. "보살도 좀 늦긴 했지만, 거기에 와서 태국 마사지도 받고 온천 여행도 다니면서 노후 건강을 챙겨 보라" 는 권유의 말씀이 있었다. 그분도 몹시 건강에 위험을 느꼈을 때 치앙마이에서 건강을 회복했다는 말을 덧붙였다.

그때 결심하고 바로 비행기 표를 예매했다. 그날부터 '치앙마이 한 달 살기'를 위한 준비를 시작했다. 언젠가 떠나야 할 때를 위하여 제대로 잘 떠나는 연습도 필요한 시기라고 생각하던 중이었다. 지난봄 동생을 홀연히 서운하게도 떠나보낸 뒤, 죽음의 문제가 바로 내 앞으로 문득 다가온 것 같았다. 50대를 넘기면서 죽어도 영원히 사는 마음공부를 한 적이 있었다. 첫 번째의 '잠깐 멈춤'의 기회였다. 그때 챙겼던 마음의 힘으로 지금껏 살아오던 중이었다.

『사람은 살던 대로 죽는다 – 마흔에서 아흔까지, 어떻게 살 것인가』, 나의 도반은 내게 이 책을 사 오라고 부탁했다. “아, 나보고 읽어보라는 뜻이구나!”그 뜻을 깨닫고 즉시 구매해서 읽고 있다. 나도 마흔을 넘기면서 삶의 위기를 감지하며 삶과 죽음에 대한 성찰의 시간을 가진 적이 있었다. 때마다 새롭게 내 생활의 패러다임을 바꾸어 살아가는 것도 그때부터였다. 생의 정점을 넘기긴 했지만, 삶이 죽음을 동반한다는 사실을 심각하게 주제로 삼아야 한다는 계기가 되었다. 어떻게 나머지 삶을 잘 살고 마무리할 것인가. 구체적으로 생각해야 하는 시기임을 절감하고 있다. 이번이 두 번째 ‘잠깐 멈춤’이랄 수 있을까.

숲을 나와 숲을 보듯
산을 나와 산을 보네
산을 나와 멀리 보니
비로소 산이로구나
삶이란 무엇인가
진실한 삶의 모습
저만치 홀로 피고 지는 꽃.

매일 널찍하고 은은한 벽 앞에 앉아 명상에 잠겨볼 일이다. 이태준의 장정 낡은 옛 그림 대신에 생생하게 살아 있는 푸른 느티나무

한 폭이 날마다 유리 벽 속에서 파란 하늘을 채색하리라. 아침마다 유리 벽 앞에 고요히 앉아 벽 너머 벽 없는 세상을 그려나갈 것이다.

주변 정리에 대하여

한 세대 전에 에리히 프롬(Erich Fromm)은 "우리 사회가 소유물에 집착하게 될 것이라고 예견했다. 본질적인 지향으로 사람은 소유일까 경험에 의한 존재일까. 상업주의는 '소유'를 지향하도록 조장한다. 문명이 발달하면서 상업주의는 사람들이 무한대로 소유에 집착하게 한다. 물질문명에 사로잡히면서 자기도 모르는 사이에 소유물에 갇히게 된다.

쓸데없는 것들을 버리지 못하는 까닭을 뭐라고 말할 수가 없다. 무라카미 하루키의 에세이에서 '무용지물의 누적에 대하여'라는 글을 읽었다. 전적으로 공감이다. 나도 특별히 물건에 대한 집착은 없는 셈이다. 이사할 때마다 누적된 물건이나 특히 읽지 못하는 책들을 많이 버렸다. 레코드를 수집하지 않은 것은 다행이다. 몇 천 장의 레코드를 처리하지 못해서 이사할 때마다 그것이 걱정이라고 했다. 대신에 테이프 레코드를 수집한 적은 있지만, 이후에 많이 버리고도 아직 서랍 속에 남아 있는 것도 있다. 새로운 기구가 계속 발명되니까.

자연의 소리에 귀 기울이기 시작한 이래, 지금은 오디오 기기도 없애버려서 시디(CD)도 조금밖에 없다. 꼭 들어야 할 것 같으면 컴퓨터나 손전화를 이용하지만, 소리가 성에 차지는 않는다. 차라리 숲속에 가서 거닐다가 오는 편이 훨씬 이롭다. 그래도 산재해 있는 책이나 자료들과 문구류가 정리되지 않은 채 늘어진다. 살아 있는 한 이런 것들이 나를 받쳐주고 있는지도 모른다.

얼마 전에 오랜만에 음악 연주회에 초대받았던 적이 있었다. 교향곡의 대명사라고 할 정도인 베토벤 운명교향곡을 새롭게 감명 깊게 들었다. 멜로디가 기억될 정도였다.

이제는 나 자신의 내면의 소리에 집중해야 할 것 같다. 기분 전환이 필요할 때는 가끔은 음악회에 가서 생음악을 들을 일이다. 바깥과 안의 경계를 조화롭게 운용해야 한다.

치앙마이에서의 한 달 동안, 여름옷 몇 벌과 그릇 몇 점으로 날마다 부족함 없이 살 수도 있었던 것을! 물론 한시적인 생활이어서 그럴 수도 있다. 하지만, 그렇게 계속 살아야 한다면 살 수도 있을 것 같다. 살다 보면 좀 더 편하고 좋은 것이 있다면 그것을 소유하도록 노력하겠지. 일생을 되돌아보는 시간을 가지면서 주변 정리에 대해서 생각한다. 죽을 때 남길 수 있는 것은 과연 무엇일까. 이름, 선행, 자식? 정신적인 유산? 이렇게 쓸 수 있을까.

Oh, No, U-turn(스탠바이와 유턴)

수코타이는 태국에서 한국의 경주 같은 도시다. 치앙마이에서 수코타이까지 거리도 서울에서 경주에 가는 거리만큼 비슷하다. 우리는 기사가 딸린 봉고차를 전세했다. 기사는 우리말도 모르고 영어도 못 한다. 우리도 태국 말은 모른다.

아침에 출발했지만, 가는 도중에 전통 사찰과 강을 낀 도시에 들렀다. Lampang이란 도시에서 점심을 먹고, 4시 반에 도착했다. 파크 자체가 거대한 고대의 성이기 때문에 해 질 무렵까지 거닐었다. 폐허로 남은 성안에 수많은 탑과 불상들은 말할 수 없이 깊은 숨만을 내쉬게 하는 숙연한 아름다움이 담겨 있었다.

다음날에도 아침 일찍부터 불상이 남아 있는 전각과 탑전을 거닐었다. 성채를 감싸고 있던 왕국의 주변, 외곽 둘레의 구릉대 주변에도 Wat(사원)들과 부서진 탑의 기단 부분이 남아 있는 곳이 많았다.

비가 내리기도 하여 상점 거리로 와서 타이 레스토랑에서 점심을 먹고 12시 30분에 치앙마이를 향하여 출발했다. 태국 기사는 식당에 들어갈 때마다 음식이 나올 때까지 주인과 웃으면서 얘기를 많이 했다. 우리와는 말도 통하지 않으니 눈치만 살피다가 속 시원하게 자국 말로 얘기를 토로하는 듯. 자신이 우리를 이 식당으로 데리고 왔다고 자랑도 하는 것 같았다. 그 모습이 재미있었다.

국도를 택하여 올라왔다. 기사가 길을 잘못 들기도 해서 나의 도반은 내비게이션을 연 노트북을 지니고 다녔다. 길을 잘못 들어도 기사는 말을 하지 못하고 우리의 눈치를 살핀 듯했다. 가다가 보니, 다른 길로 가는 것 같을 때마다 Oh, No no를 외치고 내비게이션을 보여주고, U turn을 외쳤다. 산 협곡을 겨우 지났다. 비가 내리기도 하고 안개 자욱한 산길도 지났다. 시골길은 정글 속을 뚫는 것도 같았다. toilet이 급하다고 하니까 한 농가에 데려다주었다. 근처의 숲속에도 Cafe가 있었다. 외딴 숲속인데 카페가 있는 것으로 보아 꽤 알려진 곳인 모양이다.

처음부터 고속도로로 가야 했는데 기사가 길을 잘못 선택했던 듯했다. Oh No와 U turn을 몇 번이나 외치다 보니, Lampang에 와서야 고속도로로 들어갔다. 치앙마이까지는 아직 반절이나 남은 거리였다. 어둑해져서야 치앙마이에 도착했다. 치앙마이에는 그간 태풍과 번개가 지나갔다더니, 땅이 젖어 있었다.

퇴근 시간과 맞물려 자동차들이 많이 밀렸다. 차라리 근처에서 식사하는 편이 좋겠다고 해서, Central Festival 백화점으로 갔다. 이 백화점에는 아이들을 태우고 지나는 트레인을 운영하기도 하여 부모들이 쇼핑하는 사이 아이들은 그 트레인으로 백화점 복도를 순회한다. 과연 국제적이었다. 차들이 많이 빠지는 동안 백화점 구경도 하고 식사도 할 수 있었다. 일식당에서 이번엔 메뉴를 잘 골랐다. 미나토와 소고기 스테이크 몇 점, 도시락 한 세트, 연어구이, 튀김을 곁들인 메밀국수 등, 김치를 곁들여서 아주 흡족했다.

태국 기사가 알아들을 수 있는 말이란. Oh, no와 U turn, 할 수 있는 말은 스탠바이? 하고 쳐다볼 뿐이다. 덕분에 좀 늦긴 했지만, 많은 구경을 할 수도 있었다. 지역 시장 풍경이라든가. 지역 특산물 등, 고속도로나 지방 도로를 지나다 보면 지역 특산물을 진열하는 천막 가게가 있기 마련이었다. 도자기 마을에는 꽃 그림, 닭 그림이 그려진 도자기 그릇이 훌륭했다. 코끼리 모형의 도자기도 많다. 우리나라는 국토가 넓지 않으니 관광 상품이란 것이 지역별로 특화되어 있지 않아 거의 그만그만한 것들로 통일되다시피 진열되어 있지만, 여기는 그 지역 특산물만 볼 수 있다. 대나무 제품만 있는 곳, 지역 과일만 나온 곳 등이 그렇다. 길거리에 한가득 수확하여 쌓아 둔 수박 무더기가 진풍경이었다.

벼를 수확하는 논바닥 옆에서 모가 자라는 논도 있어 신기했다. 지나치는 곳마다 바나나 나무 농장과 귤나무는 흔하게 보였다. 우리나라에서는 멀리서 보면 강물같이 보이는 비닐하우스 터널은 여기선 아예 필요가 없다. 길거리에서도 지역 농산물 가게를 차려놓고 판매하기도 한다.

서로가 언어로 통하지는 못하지만, 한 배에 탄 이상 함께해야 할 운명. 그는 눈치로 알고, Oh no와 유턴과 스탠바이만으로도 충분했다. 무슨 말을 그렇게 많이 할 필요가 있겠는가. 몇 마디만으로도 1박 2일을 즐겁게 지낼 수 있었다.

침묵의 부처상 앞에서 무슨 말이 필요했던가. 필요 없는 말을 우리는 너무도 많이 하고 지내는 것은 아닐까 하는 생각도 들었다. 학문하기 위해서는 많은 설명이 필요하겠지만, 정작 말을 해야만 할 때, 사슴을 말이라고 한다면 이에 승복하지 말고, 당당히 '아니'라고 하는 의지는 분명히 밝혀 짧으면서도 단호하게 말할 필요가 있을 것이다.

늙었다고 해서 젊을 때로 유턴하고 싶지는 않다. 원고를 수정하듯 잠시 동안은 유턴해서 스탠바이 할 수는 있겠지만, 되돌릴 수 없는 것이 인생길이다. 가만히 앉아 침묵하면서도 서로 소통하는 삶이 되고 싶다. 부처상같이 입꼬리를 올릴 수 있는 미소만 있다면, 그리고 잠깐 생각할 여유, '스탠바이'는 필요하리라.

숙소에 도착하여 기사와 헤어질 때, 기사는'Oh, No No, U turn'을 유쾌하게 외치며 우리에게 인사를 했다. 서로 얼굴을 마주하고 스탠바이 하며 악수를 하고 파안대소했다. 무엇보다 안전한 운전 솜씨에는 감사했다.

*람빵(Lampang)은 태국 북북에서 두 번째로 큰 도시다 방콕과 치앙마이 구간의 모든 철도가 통과해 교통의 주심지로 활약하고 있다. 수코타이로 내려갈 때와 올라올 때 거쳐야 하는 도시였다. 북부의 다른 도시에 비해 상대적으로 볼거리가 적어 방문객이 많지는 않지만, 도이쑤텝과 함께 태국 북부에서 꼭 봐야 할 주요 볼거리로 꼽히는 사원이 있어 일부러 찾아오는 사람도 있다. 우리도 그 사원을 방문했다. 왓 프라탓 람빵 루앙, 고대 사원이어서인지 전통의 맛이 물씬했다. 오래된 나무 대문이 중간에 있었으며, 태국의 국화라 불리는 하얀 꽃이 달린 나무들이 많은 것도 특징이었다. 7세기부터 시작된 유구한 역사를 간직하고 있는 람빵은 젖줄인 왕강(Mea Man Wang)을 중심으로 도시가 형성돼 있다. 19세기에는 티크목 산지로 원목 산업이 발달하기도 했는데, 그로 인해 목조로 이뤄진 예스런 상점과 가옥이 많은 것을 알 수 있었다.

나의 세한도(歲寒圖)

해달이 흐르는 속도는 자신의 나이대로라던가. 늦가을 달아나는 단풍을 뒤좇기라도 할 듯 남녘으로 내달았다. 이미 남녘에도 단풍은커녕 낙엽 진 나무들이 벌거벗고 있었다. 내 마음에는 여전히 추성부도(秋聲賦圖)를 그리고 있건만….

단풍 든 주왕산 계곡을 그리면서 주산지에 닿았다. 주차장에서 약30여분 천천히 걸어 들어가는 길이 절벽과 소나무로 둘러져 있어 깊은 산속의 청량감에 싸인다. 잎이 지고 난 나무들이 기도하듯 처연하게 보여서 저절로 명상의 길이 되었다. 백두산 천지는 못 가지만, 여기 주산지는 작은 천지 같이 4계절이 아름다운 숲으로 둘러싸여 있는 곳이다. 주산지의 가을 풍경이 오색찬란했지만, 봄 여름가을을 품은 저수지는 무채색으로 고요했다. 주산지에는 백년 이상 된 왕버들나무들이 빈 가지를 들고 물속에서 의연히 젖어 있다. 적막의 차가운 달밤에는 달그림자와 별밤에는 반짝이는 별빛의 속삭임이 어울려 적요한 그림이 되리라. 앞으로 다가올 세한(歲寒)이 저절로 그려진다.『봄여름가울 겨울 그리고 봄』이 떠오르면서….

마음으로 보지 않는 한 알 수 없는 간결한 그림.「세한도(歲寒圖)」는 추사 김정희의 유명한 작품이다. 암울하고 쓸쓸한 자신의 말할 수 없는 처절한 심정을 볼품없는 조그마한 집 한 채와 늙은 소나무로, 제자의 고마운 행동은 지조의 상징인 우뚝 선 소나무와 잣나무로 표현하였으며 '너와 나' 둘을 제외한 모든 사람의 무관심은 집 이외의 아무것도 없는 겨울 배경으로 표현하였다. 그림의 제일 오른쪽에 찍은 주문방인(朱文方印)이 '장무상망(長毋相忘)'이라니, 이제 와서야, 세한도의 소박하면서도 초탈한 듯한 깊이 있는 격조가 내 감수성에 와 닿는다. 제자 이상적에게 '오랫동안 서로 잊지 말자.'라고 했던 뜨거운 마음만이 제주의 풍상을 어루만졌던 것이었던가.

주산지의 싸늘한 호숫가에 쌓인 낙엽을 밟자니 세한도의 성정이 뜨겁게 마음에 와 닿는다. 우리도 그렇게 서로의 삶을 나누면서 위로했던 세월의 정감을 잊지 말아야 할 것인가.

겨울이 오는 길목에서 유배 시절의 김정희의 나이를 넘고 보니 그 세한의 의미가 새삼스럽게 마음속으로 스며든다. 밤낮이 없는 시멘트 건물 군 사이로 뜨는 도시의 현란한 인공 빛들 속에서는 늦가을의 소리와 세한지정 같은 심사가 생길 틈이 없는지도 모른다. 그러기에 옛 선비들이 마음에 품고 있던 정신을 그림으로 말할 수 있었던 그 시대의 예술혼이 아련하게 그리운지도 모른다. 주산지 물속에 빈 가지로 의연히 서 있는 왕버들나무들에서 세한지정을 그리는 이 심사가 그런 마음과 비슷할까.

언젠가부터 유배지 같았던 전주시가 고향처럼 아늑해졌으며 전주가 지닌 전통의 문화미에도 폭 젖어 지내고 있었다. 단풍잎 오그라드는 인생의 늦가을이지만 겨울 나목이 되어도 소나무의 푸른 정신과 붉은 심장만은 잃지 않을 것 같아 내 인생의 세한도는 그리지 않을 것 같다고 했다. 하지만, 장담할 수 없는 일이 또한 인생의 길이다. 이렇게 어느새 내 마음의 세한도를 그리고 있으니…. 다만 간결하고 아름다운 진정한 세한도를 그릴 수만 있다면 더 바랄게 없으리라

벌써 2년 동안 코로나 펜데믹으로 유배 아닌 유배 생활을 하고 있는 지구인이다. 문명의 혜택을 누려온 세월이어서 세한도 그릴 여념은 없으리라 했었다. 받은 만큼 되돌려 받는 고난인지도 모른다. 이 겨울 유배 시절 추사의 심정을 생각하며 주산지에서 명상했던 세한도(歲寒圖)나 마음으로 그리면서 오는 세한을 건너보리라. 어느새 밖에는 눈발이 휘날린다.

3부

꽃나무의 영혼

다시 봄

내 마음에는 이미 사계절이 다 들어앉아 있건만, 그래도 긴 겨울 속에서 봄을 안고 그리다 보니 봄이 눈앞에 나타나고 있다. 동네의 거리에서 시내 나가는 길가의 매화나무, 살구나무들이 벌써 환하게 빛을 내고 있었다.

경기전(慶基殿)의 고매(古梅)를 감상하다가 내 생각이 났다는 한 후배의 문자를 받았다. 봄 향기가 말끝에서도 물씬 풍겨 나오는 듯했다. 말의 향기 따라 경기전 사고(史庫) 문을 들어서자 달짝지근한 내음이 살며시 안겨 왔다. 암향이 사고 뜰 안에 가득 바람 따라 걸음마다 코끝에 맴돈다. 올해는 몹시 늦은 매화다. 어느 해는 이른 3월 20일에 활짝 만개한 적도 있었고, 설중매를 만난 적도 있었다.

지난겨울은 몹시 추었지만, 이 지방에는 눈이 많이 쌓이지 않아서 설중매를 보진 못했다.

전주 한옥마을의 중심에 경기전이 있어 관광하러 왔던 사람들의 발걸음이 그치지 않는 곳이다. 경기전 정전을 둘러보고 사고 문을 들어서면서 어떤 이가 고매 앞을 서성거리는 사람들 틈으로 들어오더니 '이것이 목련이야?'라고 외치는 사람도 있다. 어쩔거나? 매화와 목련도 구별 못하도록 도시에서 맴돌았단 말인가. 그래도 봄이 되어야 꽃구경 나들이를 겨우 할 수 있는 도시 사람들인가. 하기야 내 젊은 날에도 추억의 매화나 목련의 사진이 없으니 그럴 만한 일이기도 하다. 꽃꽂이 재료로 사용하려고 야생 꽃나무를 채취하러 산에 간 적이 있어도 탐매하려는 풍류는 몰랐지 않은가.

그러나 문인화 공부하러 다닐 때 내 스승은 미스 조는 참 풍류객 같다는 말씀을 하신 적이 있었는데. 어떤 점을 보고 그리 말씀하셨는지 모를 일이었다. 대나무나 매화나무를 한 번도 본 적이 없었다. 문인화를 배우다 보니 매화 그림을 볼 수 있었고 그대로 따라 홍매나 청매를 흉내 내어 그려보았던 것일 뿐. 후에 대나무를 보고 매화를 보았을 때는 그릴 흥이 나질 않았다. 이제 풍류를 즐길만한 나이와 처지가 되어서야 옛 스승의 말씀 뜻을 헤아려 본다. 다만 그때는 설악산을 가기 위해서는 관광버스가 인재를 넘고 대관령을 넘으려면 버스가 몹시 흔들거리기도 한 도로 사정이었던 것만은 또렷이 기억이 된다. 비 오는 기후를 만났을 때 도로가 파괴되어 인근의 군부대의 군인들이 복구하기를 기다린 적도 있으니 그 시절 나들이는 참 귀한 일이었다. 탐매를 즐겨 찾아 나설 때는 아니었다.

옛 선비들이 세한삼우(대나무, 소나무와 매화)를 선비의 절개와 지조를 상징하여 기리는 글은 지금도 수없이 회자하여 그런 글을 탐하기도 했다. 현대의 문인들도 추운 겨울에 제일 먼저 꽃을 피우면서도 향기를 팔지 않는 매화를 들면서 선비의 곧은 지조를 예찬하는 이들이 많다. 이제 더는 매화 지절을 노래하는 일이 더 촌스러운 일 같아졌다. 매실을 얻기 위하여 외래종 매화를 빈터마다 많이 심어서 좁은 나라 땅 어디를 가도 매화는 흐드러진다.

청매실 농원의 매화 축제는 더 이상 매화 지절을 노래하지 않고 매화 뽕짝이 즐거울 뿐 아닌가. 그냥 초봄 어느 꽃보다 추위를 마다치 않고 먼저 피어서 고맙고 반갑고 기쁘게 반기면 될 뿐이다. 그래도 이름 난 선암사 고매와 지리산 아래 정당매나 산청매처럼 몇 백 년을 의연히 옹이진 그루터기에서도 불쑥 한 송이 불거져 나오는 꽃송이만큼은 옛 선비의 고아하고 고매한 향취를 느낄 만하다.

경기전 사고 뜰 안의 고매는 아마도 백년 가까이 되지 않았을까 싶다. 처음 매화나무를 옮겨 심은 나무의 주 그루터기는 땅 위에서 죽었는지도 모른다. 땅속에 남은 그루터기에서 한 가지가 살아남아서 굽어지면서 세월 동안 이렇게 굵어지고 세 번이나 꺾어진 끝 줄기에서 꽃을 피워내고 있다. 참 매화나무다운 기상을 지녔다고 보아 기릴 만하다. 꽃잎이 겹인 것이 귀하게 보이고 더 예쁘기도 하지만 우리의 고유 종자는 아닌지도 모른다.

김홍도의 매화 그림 이야기는 유명하다. 어느 분에게서 3,000냥을 받고 매화를 그려달라는 부탁을 받은 김홍도는 달이 가고 해가 바뀌어도 그림은 그리지 않고 매화나무를 심는데 2,000냥을 쓰고, 매화 텄다고 지인들과 매화연을 벌이는데 800냥을 쓰고, 매화 그리는 화구 값으로는 겨우 200냥만 들었다고 하지 않은가. 지금 생각하면 매화를 그만큼 알고 사랑할 줄 알아야만 매화 그림을 그릴 수 있지 않았을까 싶다.

김홍도보다 후대의 조희룡의 매화만 해도 그렇지 않은가. 홍매를 한 송이씩 그리면서 겨울을 보내고 매화 병풍 두르고 매화차만 마셨으니 좋은 매화 그림을 남길 수 있었겠다. 옛 선비들의 무거운 사군자의 상징성을 내려놓고 단지 아름답고 화사하고 바라보기만 해도 마음이 환해지는 그의 그림이어서 더욱 좋다. 그런 꽃이면 족하리라.

매화 그림 흉내 내던 날이 그래도 젊은 시절이었다. 사군자의 어떤 풍정 한 점이라도 몸 의식에 들어와 있으면 다행이겠다. 고소한 미소를 지을 뿐이다. 어찌하건 다시 봄, 봄, 새봄. 매화로 시작해서 산수유 살구, 본격적으로 목련, 진달래, 개나리가 흥청망청 날개짓을 시작한다. 그리고 봄의 절정, 벚나무 꽃구름이 일어날 자세를 준비하고 있다. 아직은 참 볼일 많은 봄이다.

춘삼월
– 삶을 성찰하다

찬란했던 게발선인장꽃이 시들면 어김없이 경기전 뜰의 홍매가 낯을 붉힌다. 선인장 꽃은 봉옷리적 모습으로 되돌아가서 꽃의 청춘 때를 기억시키는 것일까. 떨어지면서 마침내 봄을 불러준다.

차이코프스키의 곡, 《사계》 중 〈봄(3,4,5)〉은 매우 아름다워 음악가들의 편곡 작품이 많다고 한다. 앙상블로 편곡된 차이코프스키의 〈봄〉을 춘삼월에 춘설이 펑펑 내리는 밤에 들을 때는 설원에서 열정적인 삶을 살았던 '라라'가 되는 기분에 젖었던 때가 있었다. 유난히 짧기만 한 러시아의 봄이 얼마나 찬란하고 매력적이었는지 상상하기도 했다. 유리 파편처럼 반짝이는 음악의 코드가 차이코프스키의 혼을 저절로 오선지 위로 흐르게 했으리라. 러시아의 봄은 5월이 되어야 쌓였던 눈 속을 헤치고 나온다니…. 비발디의 봄은 경쾌하고 활기차지만 차이코프스키의 곡은 사뭇 분위기가 다르다. 그렇게 깊게 심연으로 파고드는 선율을 그리지 않을 수 없었겠다.

봄소식을 전하는 풀꽃이랑 매화 소식이 그리 새뜻하지 않게 3월이 오고 말았다. 겨울답지 않은 겨울을 보내는 아쉬움 때문일까. 오래전에는 늘 그랬다. 삼월은 단번에 얼굴을 드러내지 않았던 기억이 많다. 올까 말까 멈칫 멈칫, 찬바람으로 오다가 때로는 춘설을 난분분하게 흩날리기도 하며, 따뜻한 햇살로 유혹하기도 하며 감질나게 조금씩 다가왔었다. 춘삼월의 바람은 겨울바람보다 더 살 속으로 스며들었다. 삼월이라고 성급하게 옷을 벗었다가는 갑자기 몰아치는 춘설에 이지러지는 매화꽃처럼 맥 못 추게 될 수도 있었다.

지구의 온난화가 실감나게 다가오는 것 같기도 하다. 그래서 코로나 19 펜데믹이라는 것도 빨리 물러나지 않는 걸까. 게다가 이번 삼월은 울진에서 시작한 산불이 강원도까지 번지면서 험난한 소식이 연달아 나오니 맥없는 열이 오르기도 하는 삼월이다.

자꾸만 물어볼 일이 많아진다. 집안에서 혹은 사람들 속에 섞이지도 못하는 유배 아닌 유배 생활을 누리다 보니 질문하는 습관이 붙어진다. 나도 이 나이에 접어들으니 '테스' 아저씨처럼 질문하는 버릇에 익숙해지는 걸까. 잠자리에 들 때나 깨어나면서부터 나와의 대화가 시작되는 생활이다. "성찰하지 않는 삶은 살아갈 가치가 없다."고 테스가 그랬던가. 삶을 성찰하려면 거리를 둬야한다. 이 펜데믹 시절의 거리두기는 우리에게 삶을 성찰하라는 기회인 것인가 싶다. 이 길을 준비해준 것은 신의 배려일까? 고대의 철학자의 어록이 지금도 유효한 의미일까.

늙어지면 누구나 제 인생의 철학자가 된다는 말도 실감나는 시절이 되었다. 사는 동안 배운다고 들고 다녔던 내 책가방 속에는 아무것도 남은 것이 없다. 공허하기도 하고 가볍기도 하다. 나는 아무것도 모른다는 것을 알게 된 것이다. 삶을 성찰하다보니 혼자 노는 것이 취미가 되고 나와의 대화를 나누는 법도 서서히 익혀지고 있다. 고대 맨발의 철학자들이 남긴 말을 수세기 지나서야 늙어가는 나이에 깨닫게 되는 것만으로 위안을 삼아야 할까.

버려야 할 것들만 주변에 쌓아두고 있지 않은가. 한 세대 전에 에리히 프롬(Erich Fromm)은 "우리 사회가 소유물에 집착하게 될 것이라고 예견했다. 본질적인 지향으로 사람은 소유일까 경험에 의한 존재일까. 상업주의는 '소유'를 지향하도록 조장한다. 문명이 발달하면서 상업주의는 사람들이 무한대로 소유에 집착하게 된다." 물질문명에 사로잡히면서 자기도 모르는 사이에 소유물에 갇히게 된다.

무라카미 하루키의 에세이에서 '무용지물의 누적에 대하여'라는 글을 읽은 적이 있다. 전적으로 공감했다. 나도 특별히 물건에 대한 집착은 없는 셈이다. 이사할 때마다 읽지 못하는 책을 많이 버렸다. 레코드를 수집하지 않은 것은 다행이다. 하루키는 몇 천 장의 레코드를 처리하지 못해서 이사할 때마다 그것이 걱정이라고 했다. 자연의 소리에 귀 기울이기 시작한 이래, 지금은 오디오 기기도 없애버려서 시디도 조금밖에 없다. 차라리 숲속을 걷고 오는 것이 훨씬 좋다. 이제는 나 자신 내면의 소리에 집중해야 할 때인 것이다. 일생을 되돌아보면서 주변 정리에 대해서 생각한다. 죽을 때 남길 수 있는 것은 과연 무엇일까. 이름, 선행, 자식, 정신적인 유산? 이런 것이 있을까.

연주회에서 교향곡의 대명사라고 할 정도인 베토벤 운명교향곡을 생음악으로 감명 깊게 들었다. 멜로디를 마음에 새기면서 내 운명에 대해 질문하는 버릇이 생겼다. 나도 '테스'를 닮아가는 것일까.

꽃몸살

길가의 가로수 벚꽃들이 다 사라졌다. 꽃을 여윈 꽃받침이 가지 끝에 남아서 벚나무는 아직 불그스레하게 상기된 빛이 남아 있다. 거리의 꽃이 지고 나면 한길 양쪽 산이 환해진다. 새잎이 나기 시작해서 연둣빛 물감이 번지는 것 같은 산에는 산벚나무 꽃이 듬성듬성 분홍 폭죽을 연속 터트린다.

길에서 부서진 벚나무 꽃잎 하나도 핀 채로 떨어진 동백꽃처럼, 보는 사람 가슴 속에서 일생을 더 산다. 아니, 오히려 더 오래다. 내 가슴 속에 담고 너의 가슴에서 살리라. 세상 나그네처럼 자신의 고행 정진이 다 써진 뒤에야 온전히 허공이 되리라. 황홀한 봄날의 생애를. 한순간의 꽃 잔치, 짧기에 저리 아름다운가. 사람의 생애도 지나고 보면 한순간 같아서 그 누구의 생애일지라도 어떤 생애일지라도 아름다운 것이 아닌가.

마지막 꽃잎들이 눈발처럼 휘날린다. '만날 때 헤어질 것을 두려워'한다는 말처럼 벚꽃은 피어나기 시작하면 벌써 설레는 마음에 앞서 조마해진다. 벚꽃은 어젯밤 비에 피었다가 다음날 아침 비바람에 떨어지는 것처럼 순식간에 지는 것 같아서 피어날 때부터 그립다. 그토록 화사했던 꽃무리들은 이내 모두 떨어져 이별 뒤의 그리움 속으로 사라지고 말 것이다.

살면서 만나고 헤어졌던 사람들은 다시 만날 수 없지만, 꽃잎들은 사라진 세계 어딘가에 모여서 그리움의 꽃으로 재생의 꿈을 키우고 있지나 않을까. 한 생으로 끝나버리는 사람의 꿈까지. 사라져 어디에서 무엇으로 있는지 몰라서 안타까운, 봄꽃이 필 때마다 도지는 꽃앓이다.

4월은 왜 이리 어수선한지 모르겠다. 하늘도 선명하지 않고 가끔 황사에 미세먼지까지 덧칠해서 희붐할 때가 잦다. 아직도 봉오리 채 떨어져 다 피우지 못하여 어딘가에서 앓고 있을지도 모를 봉오리를 찾아야 한다. 그리움보다 애통한 마음을 달래지 못하는 사람이 남아 있다. 아직도 거리에는 세월호의 참사로 바다 속에 묻혀 돌아오지 못하는 꽃봉오리들을 건져달라는 외침이 있다. 어떤 이유로든지 피지 못하고 생애를 마감한 봉오리들도 많다. 세찬 바람에 떨어지는 꽃봉오리와 덜 익은 과일처럼.

하늘을 날다가 지상에 내리고 말 꽃잎은 땅을 뚫을 힘도 없다.

길가에 굴러다니다가 누구도 모르는 사이 형체도 모르게 사라진다. 벚꽃은 꽃잎이 떨어져 휘날릴 때가 가장 아름답다. 서럽고 슬픈 것이 참 아름다운 것이구나! 슬픔이 모여서 그리움을 만드는 것이구나! 꽃잎은 떨어지면서 어떤 희망을 지니고 떠나지 않을까?

과수원 아저씨가 그랬다. 왜, 꽃만 좋아하고 열매를 보러오지 않느냐고. 그해 가을에, 공같이 둥근 열매가 된 배꽃을 한 상자 사들고 왔다. 슬픔이 모이면 지혜가 되고, 지혜가 모이면 행복이라고 했다. 언어 자체는 공허한 것 같지만, 꽃이 진 슬픈 자리에 열매가 튼튼하게 자라고 있었다. 벚나무 밑에서 채취한 머위 잎에 꽃잎이 따라왔다. 함께 한 벚꽃과의 이별 여행에서 새로운 꿈을 본다.

늙은 벚나무도 그 옆구리에서 톡 툭 생생한 꽃잎을 틔워낸다. 꽃잎 날리는 룸비니 동산에서 마야부인은 옆구리에서 싯다르타 태자를 생산했지 않은가. 그리고 세상을 떠났지. 그러나….

나도 늙었지만 싱싱한 정신으로 옆구리에서 오래 기억될 글줄이나 터졌으면…. 늙은 벚나무의 몸피에서 피워낸 벚꽃 같은, 아니 가슴에 쌓인 그리움이 꽃 같은 글줄이 되어 터지면 좋으련만. 황홀하고 애잔한 봄날 같은, 누군가의 가슴에서 일생을 살 수 있는 열매 같은 문장을!

"무릇 천지는 만물이 쉬어가는 여관이요

세월은 영원히 쉬지 않고 천지 사이를 지나가는 나그네라

부평초 같은 인생 꿈같은데 즐긴다 한들 얼마나 되랴!

———————————————————————————————————”

이백(李白)의 〈춘야연도리원서(春夜宴桃李園序)〉와 같은 문장 말이다.

윤슬 같은

'와! 환상적이다.'

홍매 사진을 본 사람의 외줄기 탄성. 죽음 같은 어두운 가지 끝에서 틔워낸 꽃무리, 그 생명의 힘을 어찌 한마디로 말해버릴 수 있을까. 차마 환호성은 발설하지 못하고 마음속으로 숨죽이며 소리쳤다. 아름다움은 어디서 온 것인가. 생명의 창조자는 누구인가. 말글의 의미를 잃고, 단지 말 없는 꽃 빛의 속내에 젖어볼 뿐이었다.

몇 번의 초봄에 가서 혹시나 했지만 조우하지 못했다. 바로 일주일 전에 구례 화엄사 주변 암자의 양지에서 어린 홍매와 토종 백매만으로도 황홀했다. 그때 각황전 옆의 홀로 선 홍매는 겨우 한두 송이 피기 시작하였다. 화사하게 피울 홍매의 수관을 상상하며 꽃봉오리를 머금은 가지를 올려다보며 조마조마했다. 그런 뒤, 오늘 다시 갈 기회가 생겼다. 법고 각 옆에서 각황전을 향해 눈길을 돌린 순간, 가슴에서 확 윤슬이 일기 시작했다. 환하게 붉은빛이 나를 향해 반사하는 것 같았다. 초봄 카페서 본 호면의 윤슬이 절묘하게 매화 꽃송이 같다고 말한 적이 있었다.

'은하수가 쏟아져 내려앉은 별빛', 그런 윤슬이 각황전 뒷산을 배경으로 붉은 빛을 뿌리고 있었다. 바로 윤슬이! 아침 햇살에 반짝이는 빛 부신 잔물결처럼. 부서지는 꽃빛 윤슬에 눈이 시렸다. 가까이 가서 일주일 전에 보았던 봉오리들인가 하고, 활짝 핀 꽃들과 반개한 봉오리들까지 자세히 보고 또 올려다보았다. 전각의 처마 단청에 절묘하게 걸친 꽃가지들에게 환상적이란 쉬운 말을 토해낼 수가 없었다. 환하게 가슴에 안겨서 피어나는 꽃들이 전각 지붕 사이를 수놓았다. 너무 붉어 흑매라고도 불린다는 홍매 나무의 수관을 밑에서 올려다보고 옆에서, 담장 너머에서, 전각 뒤까지, 탑돌이 하듯 아름다운 자태를 탐미했다. 한순간에 빛나고 흩어질 윤슬을 붙잡기라도 할 듯, 그 빛나는 홍매의 윤슬을.

사군자(매난국죽)는 오랫동안 선비 정신을 나타내는 그림의 소재였다. 탈속한 선비의 으뜸이었던 당나라 시인 맹호연의 고아한 '탐매고사도(探梅古事圖)'는 유명하여 뒤에 많은 묵객들에게 탐매도를 낳게 했다. 매화는 사군자의 하나로 오래전부터 선비와 화가들 사이에서 중요한 화목(畵木) 중의 하나였다. 월매도, 설매도, 연매도

등이다. 조선 중기 어몽룡의 〈월매도〉는 우리나라 5만 원 지폐에 당당히 인쇄되었을 정도다.

맹호연의 '탐매' 이후, 많은 시인 묵객들이 매화를 추종하는 버릇이 생겼다. 시대를 넘어 조선의 시인 묵객들로 이어져서 많은 시와 그림으로 탐매도를 남기고 있다. 그 영향은 현대의 우리나라 탐매꾼들과 사진작가들에게도 고매(古梅) 작품을 줄줄이 탄생시키고 있다. 그리하여 나도 화엄사 홍매와 인연이 닿았다.

옛날에는 매화가 귀해서 산속으로 탐매를 나섰겠지만, 오늘날은 개량 매화 농원이 많아서 초봄에 섬진강을 낀 마을마다 산기슭은 하얀 꽃구름이 내려앉은 것 같지 않은가. 지금도 옛 선비들이 아낀 고매가 전국 곳곳에 남아서 그 유명세를 치르고 있다. 화엄사의 홍매는 통도사 홍매와 단속사지 정당매와 산천재의 남명 매화와 더불어 이름난 매화 중의 하나다.

아름다움은 항상 존재하지 않아서 시공간의 거리 안에 존재함이다. '이별이 미(美)의 창조자'라고 말한 한용운의 글이 참으로 오묘한 의미로 다가온다. '아름다움이란 세상 어느 곳에도 존재하지 않는 절대미(絕對美) 그 이상이란 뜻'이다. 그 절대미야말로 이별이 만들어내는 이 세상 어느 곳에도 존재하지 않는 창조미(創造美)라! 꽃이야말로 단절의 슬픔이 만들어내는 절대미(絕對美)인가.

각황전 아미타불의 법문일까. 법신불의 화신 중 하나인 홍매화일지니, 몇 백 년의 세월 동안 온갖 풍상과 시련을 넘어 살고 있는 홍매화 나무. 수많은 사람의 기원과 화엄 사찰이 지녀온 사연, 이별의 사연들까지, 꽃잎으로 피어나지 않을까. 사람이 꽃 중의 꽃이라면 이별하지 않는 꽃이 또 어디 있단 말인가. 그 언젠가 세상을 이별해야 하는 운명 앞에서라면…. 어차피 한순간의 환(幻) 같은 인생일진대, 윤슬 같은 빛 무리를 드러냈던 생의 어는 순간이 있었다면 세상살이의 보람이라고 할 수 있을까.

꽃이 지는 날

꽃잎들이 휘날린다. 길가에 쌓여 있던 벚꽃잎들이 앞차가 지나가며 일으킨 바람에 뒹굴며 날고 있다. 바람 없이는 어디 멀리도 못 가는 것을. 그러나 꽃잎이 떨어지는 것은 바람 탓이 아니다. 나뭇가지에서 이미 피어나는 이파리들 등쌀에 꽃잎은 밀려날 수밖에.

꽃잎이 나비처럼 날다가 떨어진다. 바람은 어떤 현이든 닿기만 하면 무슨 소리를 내기 마련이다. 바람에 실려 나가는 꽃잎의 아련한 소리가 마음 깊은 곳에서 울린다. 어차피 떠나야 하는 길, 바람과 함께라면 어딘들 못 가랴!

'꽃이 지는 아침에는 울고싶어라' 했던가, 아니 꽃이 지는 날은 울고 싶지 않으리. 마음속 어딘들, 몸속 깊은 곳 세포의 어느 켜에서 틈이 벌어지는 감(感)을 받아들이며 깊은 침묵에 잠겨야 한다, 먼 하늘가를 그리며.

아이들이 한 단계 성장할 때마다 성장통이 있듯 생명이 자라는데 어찌 아픔이 없을까. 흔들리지 않고 꽃잎이 피지 못하듯. 꽃망울의 꿈이 자라고 활짝 피어 빛나는 환희를 맛보는 현장을 누리는 것으로 낙화할 때의 충격은 다 거두어들일 수 있을 게다. 늙어서도 나는 성장통을 앓는다. 사실 늙는다는 것은 슬픈 일이 아니다. 늙는다는 것은 성장하는 것이니까.

꽃이 질 때는 나무도 성장하리라. 아이들이 잠을 자면서도 크는 것과 같겠지. 나무가 크는 소리가 나지 않는가. 꽃잎이 떨어질 때는. 꽃이 피고지고, 자란 잎이 다 커서 낙엽 지는 동안 나무는 기꺼이 앓으며 잎을 떨어트릴 것이다. 꽃이 지지 않으면 어찌 꽃이라 하겠는가!

복사골에 살 때다. 산의 싸리꽃 등을 병에 꽂아 장식하곤 했지. 어느 봄날 아침 현관을 나간 그가 얼마 후 다시 돌아와서 개나리 한 가지를 쑥 내밀고는 아무 말도 없이 웃으며 다시 나갔던 적이 있었지. 그이에게 받아본 처음의 꽃다발이자 마지막이었다. 복사꽃이 필 무렵이면 동네 집마다 개나리 가지가 담 밖으로 넘어와서 동네가 화사했다. 누군들 눈길을 보내지 않을 수 있겠는가. 고샅을 나가다가 한 가지 꺾어 주고 싶었던 마음이었다. 이젠 개나리 한 가지 꺾어다 준 사람 다시 만날 수도 없다.

올봄 개나리색은 유난히 찬란하다. 이렇게 눈부신 봄날 벚꽃이 피었고 꽃비가 내리는 이런 봄날에 또 한 문우가 떠났다. 임과 나는 같은 세대 같은 학번쯤이었던 것 같다. 한국전쟁 때, 임이 부산에서 피난살이 할 때의 추억을 보면 그랬다. 임도 부산의 재첩국을 그리워했다. 그 시절 어린 나도 부산에 살았다. 그때는 재첩국 양동이를 머리에 이고 동네 고샅을 누비며 '재첩국 사이소'를 외치며 다니는 아주머니들이 있었다. 아침 해장국으로 그만인 재첩국을 내 아버지께서는 자주 드셨다. 벚꽃 사태 일어나는 섬진강 변에는 재첩국이 유명하여 몇 년 전에는 맛 좋은 국을 맛볼 수가 있었다.

문학 모임이 있은 후 어느 날 한 문우께서 자리를 마련하여 우리는 셋이서 추어탕을 들면서 담소를 나눌 수 있는 시간을 가졌다. 그리고 그 후 다시 그렇게 만나자고 했었다. 이럴 줄 알았다면 진즉 한 번이라도 더 얼굴이라도 볼걸. 그렇게 떠날 줄 어찌 알았단 말인가. 이렇게 섬진강에 벚꽃이 흐드러질 때 같이 화사한 봄날을 즐기며 재첩국이라도 같이 먹을 수 있으면 얼마나 좋을까. 옛날 피난 시절의 '재첩국 사이소'에 대한 추억을 나누면서 말이다. 누구라도 이 세상에 있다가 다시는 볼 수 없다는 것은 아쉽고 또 쓸쓸하다. 사실 자주 만나지도 못할 형편이었지만 이 세상에 없다는 것은 다시는 볼 기회가 없다는 것 아닌가. 그 단절감이 이리도 마음을 아프게 한다. 그렇게 우리는 아프면서 앞서거니 뒤서거니 하며 나그네 길을 가야 하는가 보다.

요가 사부였던 J 선생과 나는 크리슈나를 좋아했다. 한 번도 만나지도 않았으면서 세계적인 명성으로 그의 글을 통해서 그의 행보를 통해서 그 높은 의식을 사랑했었다. 그런 그가 어느 날 세상을 떠났던 것이다. 그날 도장에 들어서는 순간 J 선생이 말했었지. "크리슈나뮤르티가 떠났습니다. 세상이 텅 빈 것 같습니다."라고.

후에 j 선생은 인도에서 7년 간 명상하면서 크리슈나뮤르티 센타와 그의 흔적을 답사하였다. 나에게 j 선생은 크리슈나를 닮은 사람으로 비쳤다. j 선생이 인도에 머무는 동안 나는 겨울만 되면 인도에 가서 살다 와야지 했었다. 그가 한국에 돌아오면서 인도의 향을 선물했다. 이제는 인도에 갈 의미가 없어졌다. 지금은 인도에 더 이상 성자는 없더라고 그가 말했기에….

벚꽃 잎들이 날리는 날, 책을 정리하면서 유달리 떠난 문우의 글이 새롭게 눈에 밟혔다.

섬진강 따라 80리 벚꽃길, 분당 탄천의 벚꽃길, 에버랜드 벚꽃길과 금산사 가는 길에서도 꽃비는 하염없이 내렸을 것이다. 하루 새 산벚꽃도 사라지고 온 산이 녹색 양탄자를 뒤집어쓴 듯하다.

재스민의 열매

여름 내내 식물원에 맡겼던 재스민 화분을 늦가을에 찾아왔다. 봄에 다시 꽃을 피우려면 가지에 붙어있는 잎을 모두 따 주라고 식물원 아저씨가 말해 주었다. 과감히 잎을 모두 따준 재스민은 삐죽이 마른 가지만 남아 볼품이 없었다. 그래도 춥다고 아프다고 말이 없었다. 푸른 잎 달린 다른 화분 사이에서 죽은 듯 소리 없이 나보다도 더 간절히 봄을 기다렸으리라.

실내지만 꽃샘바람 지난 고요한 날부터 잎과 잎 사이에서 콩알만 한 봉오리가 꽈리모양을 하고 맺혔다. 그리고는 여러 날 부풀었다. 그 연둣빛 꽈리 모양 안에서 꽃대롱이 크고 있었다. 어느 날 그 꽃 봉은 꽃받침이 되고 그 안에서 주름진 연보랏빛 꽃대롱이 솟아 나오게 된다. 화려하지 않은 재스민꽃은 처음 야들한 보랏빛으로 핀 다음 향기를 발하면서 차츰 흰색으로 변한다. 꽃잎 가운데 작은 구멍 같은 꽃샘 속에 향기를 뿜어내는 꽃술이 숨어 있을 뿐이다. 그 향기가 요염하지도 않고 분 냄새를 진하게 풍기지도 않으며 그윽하게 품어내고 나면 힘없어 창백해지는 것인지도 모른다. 그래도 끝까지 향기를 잃지 않으려고 애쓰는 것 같다. 재스민 꽃잎은 결코 떨어지는 법이 없다. 열매를 맺지 않는 대신 형체가 사라질 때까지 향을 태운다. 내가 나갈 때면 붙잡는 듯 향을 품어내고 돌아올 때면 버선발로 마중 나오는 듯 향으로 나에게 안겨 온다.

재스민 화분 옆에 서면 남쪽 유리창은 무릉도원 풍경화를 걸어놓은 듯하다. 겨우내 잎 다 떨군 복숭아나무 가지에는 열매를 싸주었던 봉지만 남아서 깃발처럼 달랑거리고 있었다. 이미 약속이 된 듯 잎 떨어진 자리에 발갛게 꽃눈이 맺혀 눈바람을 맞고 있었다. 겨울나무는 맨몸으로 뼈마디 속까지 싸늘한 추위를 잘 견뎌내야 오늘과 같은 찬란한 봄을 맞는다는 것을 저절로 아는 것이리라. 새로운 성장을 위하여 한 치의 오차도 허락하지 않는 과수를 보면 나태해지려는 내 발 밑이 보인다. 실한 열매를 맺기 위하여 한 자리에서 피할 수 없는 고통을 인내하며 맞이해야 하는 나무처럼 살아가야 하리라.

화분의 식물들은 사람의 손길에 달려 있다. 어떤 물질이든 저마다의 물성(物性)이 있는데 그것을 잘 알고 그에 맞추기가 쉽지 않다. 자라는 생명이야말로 유전적으로, 환경 측면으로 혹은 경험적으로 그 특성을 지니고 있을 것이다. 그 성정을 알아서 서로 조화롭게 자라게 하는 일이 우리의 할 일이다. 같은 재스민 화분을 가지고 있는 친구에게 잎을 따 주라고 말했더니 그는 그렇게 하지 않았다. 생잎을 따주는 것이 아깝고 아프기 때문에 용단을 내리지 못한 줄로 안다. 그러니 큰 잎만 가지고 있을 뿐 꽃을 피우지 못했다. 천지간에 사람의 위치가 얼마나 중요한가. 자연의 이치를 배워서 그 순리를 따르는 일은 어렵고도 긴 여정이다. 겸허한 자세로 배우고 또 익혀서 자연과 동화하며 천지인(天地人)의 합일을 이루는 것이 우리의 이상(理想)이지 않을까.

재스민의 열매는 향기라고 해야 할지. 영혼의 촉수를 모아 그렇게 흔적도 모양도 없이 퍼져 나오는 것일까. 사람도 나이 들면서 자기 얼굴에 자기 스스로 열매의 모습을 그린다. 한평생을 살아오면서 내 영혼의 빛바랜 잎들도 떨어지고 다시 새잎을 피우기를 수십 번씩 하면서 나이테에 어떤 영혼의 향기가 새겨질까. 잎 떨어진 자리에 어떤 마음의 열매들을 열리게 했을까. 성경에서 말하는 성령의 열매인 사랑, 기쁨, 평화, 자유, 인내, 친절, 선행, 진실, 온유, 그리고 절제 같은 것이 한데 어우러진 그 어떤 성정이 만들어지는 것일까.

그 많은 마음의 열매 중에는 한 개인의 내면에 초석이 되는 바탕의 성품이 있을 것이며, 기둥이 되어야 하는 것이 있을 것이고, 아름다운 장식이 되어주는 것이 있을 것이다. 여러 역할의 성품이 쌓이는 만큼 그만의 향을 지닌 영혼의 집이 만들어질 테지.

오후의 향기

거실에 꽂아 둔 매화가 시들어 꽃이 떨어질 때까지 향기를 품어 내었다. 꽃병 앞을 스칠 때마다 암향이 옷깃을 스쳐 봄날의 달콤한 이야기를 전하는 것 같았다.

노년기에 접어들자 특별한 의무가 없기에 일요일도 특별한 날이 아니다. 의무가 아닌 의무가 있긴 하다. 일상을 유별나지 않을 만큼 건강하고 맑게 살아야 한다는 나에게서 받은 임무가 있지 않은가.

오늘은 미장원에 가서 머리 손질을 하려고 한다. 일요일이라 문을 닫았다면 만덕정 산책길에서 쑥을 뜯고 오리라고 칼을 준비하고 나갔다. 마침 미장원이 열려 있어 바로 머리 파마를 하고 손질을 했다. 늦은 오후라서 동네 한 바퀴 산책하려고 길을 나서니 버스가 와서 바로 올라타 버렸다. 전주천변으로 가서 걷기를 하려고 생각했다. 운전하지 않고 높은 자리에 편하게 앉아서 창밖의 풍경을 구경하는 재미가 있었다. 들에는 여전히 매화나무가 가끔 보인다. 며칠 전에 다녀온 섬진강 유역의 매화마을의 풍경이나, 산수유 마을의 샛노란 꽃 사태에 싸인 계곡 물소리도 소환되었다. 매화 향과 산수유 꽃망울 터지는 소리에 잠겼던 하루의 정다운 시간의 여운이 한가롭게 봄날의 향기에 젖게 했다.

좀처럼 만나기 어려운 화엄사 홍매는 올해도 막 피기 시작할 무렵에 만났다. 홍매와 들매화 사진 찍기 공모를 한다는 전단이 붙어 있었다. 힘들어서 다시 갈 수 없으니 옛날 사진을 찾아보았다. 환하게 붉게 피면 너무 붉어 흑매라고도 불리는 화엄사 홍매의 몇 년 전 사진을 찾았다. 벌써 6년 전에 친구와 같이 갔던 때 우린 홍매의 윤슬을 맞으며 빛나는 날을 보냈었지. 사진을 보니 그때는 좀 젊었을 때였다.

구층암의 들매화까지 보려고 올라갔다. 몇 년 전에 그 매화를 보았을 때가 떠올랐다. 계곡에서 쉬어 가기도 했었다. 토종 매화는 화엄사에서만 만날 수가 있다. 토종매화를 화엄사에서는 일명 들매화라고 부른다. 들매화는 가지에 꽃이 듬성듬성 피어난다. 차나무와 매화나무가 같이 있는 언덕에 가자면 대숲의 오솔길을 지나가야 한다. 구층암 요사채의 모과나무 처마 기둥에 기대어 자연의 일부가 되어 쉬기도 하고 차도 한 잔 마시며 봄기운에 젖어 한나

절을 보냈다. 화엄사 들매화를 보자니 건지산 기슭에도 벚나무처럼 키 큰 매화나무가 들매화인 것을 알았다. 가끔 꽃이 얼마나 피었나 보러 가서 매화나무 아래서 까치와 숨바꼭질도 하는 때가 있다.

전주천 오목교 아래로 내려갔다. 한벽당 아래 전주천의 추억도 돌아보면서 돌 틈 사이에 피어나는 노란 수선화도 기특했다. 하늘거리는 버드나무 연둣빛 가지들이 청연루를 배경으로 아름다운 풍경을 만들고 있었다. 애완견을 안고 징검돌다리를 건너는 여인이 풍경을 더욱 돋보이게 하여 사진에 담았더니, 그미도 나를 사진에 담아주고 싶다고 했다. 청연루 앞의 징검돌 위로 건너오는 여인과 어우러지게 풍경의 주인공으로 담아주었다.

근처 진미집에는 내가 좋아하는 맛있는 소바가 있기에 전주천은 오후의 산책길로 안성마춤인 셈이다. 외출할 일이 없을 때는 집에서 한 끼 식사를 마련하는 일이 가장 중요한 일이다. 번거롭기는 해도 감자를 깎기도 하고 시금치도 데치고, 오늘 같은 봄날은 가까운 언덕에서 뜯은 쑥으로 향긋한 쑥국을 끓이며 김이 오르는 국솥을 은근한 눈빛으로 바라보며 쪽파와 머위도 다듬는다. 통째로 반찬 그릇을 대신하기도 하지만, 때로는 눈부시게 깨끗한 접시도 꺼내 보는 등. 김이 피어오르는 국솥을 지키며 책을 몇 줄 읽다가 그대로 던져둔 채, 가끔은 봄비에 젖는 매화꽃을 안타깝게 여기기도 하면서…. 이런 자질구레하고 너저분한 일상을 위해 낮에는 어김없이 태양은 따뜻한 햇볕을, 밤에는 별빛을 보내준다는 사실을 잊지 말아야 할 일이다.

한 생을 살아오는 동안 특별한 영광을 바라며 오르려고 아등바등하지도 않았고 어려운 일을 당해서도 절망하지 않게 살아온 까닭이 그러한 은혜 때문이란 것을 깨닫는다. 삶이란 영광의 자리를 위한 것도 아니며, 빛나는 환상의 재료로 만들어진 것도 아닌, 자질구레한 일상의 재료처럼 여러 모양의 상처와 비루함을 겪어내는 것이었다. 상처뿐인 영광인지도 모른다. 생이 다할 때까지 비루할지도 모르지만 바르게는 살아야 할 일이다. 일상을 건강하게 평화롭게 잘 살아내야 한다는 의무가 남아 있지 않은가! '절대로 죽지 않을 만큼 이 세상을 위해 살고, 내일 죽을 것처럼 저 세상을 위해 살아라.'라는 터기 명언도 있건만. 은근하고 뒷맛이 향기로운 차 맛이나 매화차를 즐기듯이 엮어갈 수만 있어도 영광이겠다.

꽃나무의 영혼

신록이 우거져서 온 산야에서 신차(新茶) 물이 고이는 듯, 입안의 단물 삼키기에 바쁜 5월이 왔다. 차나무 숲에 안개비라도 내리면 촉촉한 찻물이 우러날 것 아닌가. 차밭으로 가지 못하니 괜스레 창밖을 내다보며 서성거린다. 화분의 차나무 한 그루에서 새잎이 쫑긋쫑긋 나와서 내게 손짓한다. 새 찻잎을 따서 씹으면 신차 맛이 입안에 고여 생기를 북돋운다.

움직일 때마다 내게 안겨드는 것이 무엇인가. 고요하게 깊은 숨결 뿜어내는 듯한 향. 거실 창문을 열고 창가에 재스민 화분에 눈길이 닿자 온몸에 전율이 일었다. 얼마 만에 돌아온 임이던가. 그리워도 만나지 못하는 임들이 형체 없는 향으로 돌아온 것 같아 그리운 얼굴들이 꽃잎에 어린다. 재스민 향에 젖은 찻잔을 나누는 듯하다.

꽃피는 4월 바라기에 바빴다. 흘러가는 시간에 쫓기는 듯, 남녘의 매화로 시작하여 봄의 절정을 이루는 벚꽃 잔치까지 꽃비를 맞으며 보냈다. 마침내 초록 물이 꽃불을 끌 때쯤이 되니 흰 꽃들이 하얀 눈송이처럼 푸르른 잎에 쌓인다. 배꽃도 피기 시작하고, 조팝나무와 이팝나무들이 들뜨는 마음을 고요히 가라앉혀 기도하는 마음이 된다.

재스민도 신비스러운 보랏빛으로 왔다가 향기를 품어내면서 하얀색으로 변한다. 재스민 꽃잎은 결코 떨어지는 법이 없다. 재스민은 열매를 맺지 않는 대신 형체가 사라질 때까지 향을 발산하면서 자신을 태운다. 힘겹게 피워낸 생을 말하듯 하얗게 바래는 꽃잎 앞에서 나도 깊고 내밀한 호흡으로 위안을 받곤 한다. 도대체 그 향기는 어디에서 오는 것인지 냄새가 들어오는 내 신체의 기관인 코가 없으면 향을 느끼지 못할 건지. 그러나 가까이 가서 가끔 킁킁거려 보지만 결코 그 향은 코로만 들어오는 것 같지도 않다. 글쓰기도 향기를 품을 수 있는 글을 써야 하건만, 문향(聞香)이나 향성(香聲)에 대하여 내 무슨 말을 할 수 있을 건가. 들리는 듯 보일 듯 말 듯, 온몸의 세포를 쫑긋거리면서 꽃 주위를 돌아본다.

모든 향기 나는 꽃들은 그 꽃잎이 나무의 영혼을 담는 그릇인가. 어디에 있다가 나무의 가지를 통하여 꽃잎에 담기는지. 비록 실내에 있긴 해도 나무가 자라고 꽃잎이 피기까지 공기와 물과 빛의 작용이 한데 모였을 것이다. 그 비좁은 그릇 안에서…. 나무가 살아가는 데 나는 가끔 물을 주었을 뿐이다. 얼마큼 물을 주어야 하는지도 모르고 그저 내 감각으로 주었을 뿐이다. 그렇게 자란 찻잎을 따서 먹거나 재스민 향기를 마신다, 사람은 태양과 바람과 물이 엉겨서 만든 영양을 먹고 탄생하는 다른 생명체를 먹어야만 한데 말이다. 재스민 향을 들을 수 있다면 식물과 같이 한 자리에서 그렇게 고요히 살 수 있을까. 생명의 신비를 어찌 다 알려고 한단 말인가. 세월이 흘러도 나에게는 막막한 무지(無知)의 허약만 드러날 뿐이다. 끝까지 향내를 하얗게 내는 재스민 같기만 하면 얼마나 좋으랴! 그저 아름다운 생명의 몸짓에 찬탄만 토할 뿐이다.

몇 년 전이었던가. 재스민꽃이 모두 하얀색이 되었던 5월 중순 무렵 주말에 서울의 아이들이 내려왔다. 어린 손녀가 현관문을 들어서면서, 아! 냄새라고 감탄하였다. 며느리는 '할머니 냄새'라고 덧붙였다. 재스민꽃 냄새가 아니었다면, 쾨쾨한 냄새를 상기하기 쉬운 '할머니 냄새'라고 하지 않았을 것이다. 집안에 재스민 향이 스며 있어 순수한 어린이는 금방 알아차렸던 것이다. 향(香)이란 말을 모르니 냄새라고 했다.

사람이 향을 낼 수 있다면 어떤 향을 낼 수 있을까. 사람과 모든 물상에는 사는 토양에 따라서 그가 지닌 성질과 성격을 나타내는 분위기란 것을 지니기 마련이다. 여름에 연지에서 처염상정의 꽃,

연향 속에서 생각했다. 인간은 그 어떤 생명 개체도 가지지 못한 정신을 가지고 있기에, 정신의 향을 내는 것이 사람다운 냄새가 아닐까. 빛바랜 세월은 흔적도 없이 사라지고 있는데, 거대한 우주의 역사 속 별 하나에서 말할 수 없을 만큼의 협소한 시공에서 뱅뱅 돌며 어떤 삶의 향기를 남길 수 있을까. 후에 내 손자들이 할머니를 기억할 때면 재스민 고운 향을 떠올려도 좋겠다. 아니, 할머니를 볼 때마다 '할머니, 차(茶) 마셔요.' 하는 애들이니까 할머니가 그리울 때면 재스민 꽃내음을 떠올리며 차를 마시면 더 좋겠다.

4부

기도하는 나무

오래된 찻잔

오래된 찻잔이라 말은 했지만, 그것은 박물관에서나 볼 수 있는 고려청자나 이조백자가 아니다. 옛 중국의 민화나 산수화가 담긴 도자기는 더욱 아니다. 내가 처음 장만한 오십 년 된 파이렉스 찻잔이다. 서쪽에서 몰래 물 건너온 것으로 쉽게 접할 수 없는 물건이었다. 소꿉놀이 같은 신접살림에 당치도 않는 물건임을 알면서도 왜 그리 욕심이 났던지, 며칠을 두고 살 것인지 말 것인지 따져보고, 어디서 그 돈을 마련하며 어떤 절약으로 메꿀지를 궁리하다가 대책 없이 일을 저지르고 말았다. 찻잔뿐이 아니다. 부엌살림 몇 가지도 덧붙여 들여놓고 만 것이다. 그것은 단순히 물건을 구입한 만족감을 넘어 승리의 기쁨이었다. 아끼느라 쓰지도 못하고 찬장 속에 장식품처럼 진열해 놓고 바라보는 기쁨이 컸다.

차츰 마음이 불편해지기 시작했다. 마치 내게만 소용되는 사치

품을 위해 과용한 것처럼 미안해지고 잘못에 대한 책임을 혼자서 떠안으려 애썼다. 그래서 쓰기 시작한 것이 가계부다. 월말이나 섣달 그믐날 밤이면 과용한 액수를 셈하기에 바빴다. 잘 들어맞지 않는 액수 때문에 짜증을 내고 그렇게 많은 돈을 쓴 것에 황당해하고 후회하기도 했다. 내 가계부에는 수입난이 없다. 지출 내역만 꼬박꼬박 적어 나간다. 빤한 수입에 적자가 안 나면 잘 꾸린 살림이다.

궁핍했던 옛 생활에 감사한다. 모자람을 일상으로 여기던 그 시절이 다시 왔으면 좋겠다. 다시 가난해지고 싶다는 것이 아니라 궁핍 속에는 그것을 견디는 힘과 기대와 희망이 있었고 가족 간의 결속을 돈독하고 긴밀하게 해 주는 행복이 있었기 때문이다.

이런 날 차 한 잔 같이 하고 싶은 사람이 있다. 어느 화창한 봄날, 한동안 소식이 뜸했던 조 윤수 작가로부터 작은 소포가 왔다. 은박지로 만든 봉투 안에 밀봉된 녹차가 들어 있었다. 원고지 뒷면에 적은 「차 한 봉지를 보내며」 라는 시도 한 수, 그 중의 몇 행을 옮겨 본다.

쬐그만 어린 찻잎을 한 잎 한 잎/ 따서 모으기를 한 나절/ 오체투지하는 심정으로/ 하늘 아래 그 어느 것이 종일토록/ 나를 그리 몰입하게 하는 것이 또 있을까'(중략)

옛날 다인들이 귀하게 만든 차를/ 정성껏 마셔 줄 차 벗에게 보내는/ 심정이 이랬을까/ 차를 봉하며 그 내밀한 즐거움을 맛보네.

부연으로 이렇게 덧붙였다.

"노동盧仝의 칠완다가七碗茶歌를 아시는 분이니 제 차를 기꺼이 음미하시리라 믿습니다. 녹차는 순전한 야생이어서 천천히 우려 드시며 발효차는 뜨거운 물을 바로 부어 여러 번이라도 풍미가 있을 거예요"

일찍이 우리 차 문화에 심취하여 차 문화 유적지와 산지를 누비며 터득한 차 사랑의 마음이다. 그 마음 다칠세라 아껴가며 음미하고 있다.

마침, 그녀의 차茶 엣세이집 「나의 차마고도茶馬孤道」가 배달되었다. 책을 펼치기도 전에 찻잔 먼저 챙긴다. 세련된 디자인의 신식 찻잔에 밀려 잠자고 있던 옛날 찻잔이다.

처음 이 잔에 우렸던 것이 홍차로 기억된다. 손님을 대접할 때 말고 커피나 홍차를 즐기는 것은, 아주 흔해지기 전에 첫물 딸기를 먹는다거나 값이 비쌀 때에 하우스 수박을 먹는 것만큼이나 넘치는 호사였다.

오래 된 찻잔에 잘 우러난 햇 차를 따른다. 눈으로 빛을 감상한다. 이른 봄 산 빛이 잔 안에 그윽하다. 코끝에 일렁이는 향은 차신(茶神)의 숨결인가. 천천히 입안에 굴리며 맛을 음미한다. 오십 년

전의 내 삶 속에 그녀의 차 생활 사십 년이 녹아 든 깊은 맛이다. 조용히 바라보기만 해도 마음이 열리는 여유를 즐기며 「나의 차마고도」를 펼쳐든다.

《나의 차마고도》를 받던 날 당신의 녹차를 마시며 되새긴 이야기입니다.

(최재범 선생의 글)

모양 없는 찻사발

오랫동안 간직하던 청백자 차관을 한순간의 실수로 깨고 말았다. 너무나 익숙하게 잘 다루던 내 솜씨를 믿고 주의를 소홀히 했다. 아니 너무나 몸에 붙어 있어 소중하게 해야 한다는 생각조차 떠나 있었지 싶다. 차의 아홉 가지 어려움 중의 하나가 찻그릇 다루는 일인 것을.

일본의 국보 중 하나인 찻사발에 대한 일화를 떠올린다. 조선의 막사발을 우리는 '조선 찻사발'이라고 부르기도 한다. 조선의 막사발이 일본의 국보가 된 것은 많은 사람들이 알고 있다. 임진왜란을 '도자기 전쟁'이라고 해도 과언이 아닐 정도로 일본인들이 우리의 생활 도자기들에 혈안이 되어 있었다. 일본 차인들은 우리의 막사발을 극찬해 마지않았던 것이다. 임진왜란 때 많은 도자기 장인들이 일본에 끌려가서 마을을 이루고 살며 일본의 도자기 역사를 만든 것은 세상이 다 아는 사실이다. 일본 천하 3대 이도다완으로 불리는 '쓰쓰이쓰쓰'라는 찻사발이 있었다. 당시 도요토미 히데요시는 여러 전투에서 승리하여 일본 전국의 패자로 떠올랐다.

그의 승리를 본 아마토고요리야마성의 성주 쓰쓰이케이는 자신의 목숨과 성을 지키기 위해 자신의 부하인 이도요시 히로가 소장하고 있던 '이도다완'을 도요토미에게 헌납했다. 비천한 출신을 다도를 통해 극복하려고 했던 도요토미에게는 최고의 선물이었다. 도요토미는 그 사발에 '쓰쓰이쓰쓰이도'라는 이름을 붙인다.

도요토미 히데요시가 천하제일의 찻사발이라고 극찬하고 아꼈던 '이도다완', '쓰쓰이쓰쓰이도'. 어느 날 차를 시중들던 시동이 실수로 그 다완을 떨어뜨려 다섯 조각을 내고 말았다. 쓰쓰이도를 아깝게 여긴 도요토미는 당시 자신의 차두(茶頭)였던 일본의 다성(茶聖) 센리큐에게 수리를 맡겼다. 센리큐는 그 다완을 이틀에 걸쳐 수리했다. 그리고 그 다완의 우주적인 심미감에 사로잡힌 센리큐는 도요토미도 모르게 그 찻사발에 차를 마셨다. 그러나 그 같은 사실을 도요토미에게 들켜 엄청난 분노를 사게 됐다. 센리큐에게 수리되어 쓰쓰이도는 일본 말로 다섯 조각의 이도라는 뜻으로 '쓰쓰이쓰쓰이도'라고 부르게 된 것이다. 쓰쓰이쓰쓰이도 찻사발은 현재 일본의 보물로 지정되어 가나자와현의 사가에 소장되어 있다고 한다.

찻잔의 이름은 용도와 모양에 따라 여러 가지로 말한다. 일반적으로 녹차 잔이 되는 것으로 작고 위아래가 거의 같은 것을 찻종이라 부른다. 다완 모양의 작은 것을 찻잔이라고 한다. 여기서 말하는 우리의 막사발에 해당하는 다완은 말차(末茶)잔을 의미한다. 일본에서 말하는 차(茶)라 하면 주로 말차(가루 차)를 말한다. 넓은 사발(다완)에 찻가루을 뜨거운 물로 개어서 다선(찻솔)으로 거품을 내어 마시는 것을 말한다. 고려 때 만든 우리의 국보인 청자 사발에 말차를 저어서 거품이 올라오는 모습은 설록이 피는 것 같다. 설록차란 말이 여기에서 비롯되었다.

오래 같이 지냈던 사람도 한둘 떠나보내기도 하고, 먼 지방으로 이사도 하고, 오래 지닌 것들도 이렇게 나에게서 하나하나 떨어져 나가고 있다. 사람만큼이나 소중한 것들 중의 하나였다. 진품명품이 아니라도 오랫동안 같이했던 세월의 정이 담긴 것은 그 어떤 명품보다 진품이 되는 것이 아닌가. 다섯 조각으로 깨졌다면 나도 붙여볼 궁리로 도자기 조각들을 가져왔을지도 모른다. 그래도 빨리 마음을 돌릴 수 있었던 것은 내가 그 그릇이나 다를 게 없지 않은가 하는 생각을 일깨워 주었기 때문이다.

센리큐뿐 아니라 모든 다인들에게 다도는 인격의 완성에 이르는 길이었다. 군자는 불기(不器)라 하지 않던가. 생전에 군자에 이르기는 글렀는데, 아직은 그릇을 다루면서 그릇을 넘는 경지에 닿아야 할 것인데…. 이제는 그렇게 가진 마음도 그릇도 놓으라는 말인 것 같다. 어차피 나도 상처 나고 흠집이 많은 그릇인 것을. 내가 어떤 그릇이 되기를 바란 적은 없었지만, 금 가고 흠집 있는 그릇을 옮기다가 깨었으니 나 또한 잘못 움직이다가 깨진 그릇처럼 되지 말아야 할 일이다.

그릇이라면 무엇이든 담고 비우기를 무시로 할 수 있어야 하지 않을까. 바다는 해불양수(海不讓水)이니, 수필의 장르는 바다와 같아야 하리라. 그렇다. 형상에 연연할 것 없다. 모양 없는 다관에다 부피 없는 차를 넣고 흐르지 않아 소리도 없는 물을 부어 알맞게 우려진 차는 어떤 맛으로 이름 지어야 할까. 그렇게 우린 차를 가없는 하늘같이 모양 없는 찻잔에 채워 그 맛을 음미해야 하리라.

한 잔의 차(茶)

차(茶) 한 모금 머금고 창밖의 회색 하늘을 바라본다. 차(茶)를 대하면 화창한 봄날의 차밭이 그려진다. 매화 꽃잎을 따다 찻잔에 띄웠다는 옛 다인(茶人)들의 풍류를 그려보며 지난 늦가을 차밭에서 만난 매화 닮은 어여쁜 차꽃도 떠오른다.

차(茶)라 함은 차나무 잎으로만 만든 고유의 정통 차를 말한다. 차(茶)에 반하여 차를 생활화하며 다례(茶禮)를 보급하는 일에 반평생을 보낸 셈이다. 차는 언제 마셔도 처음의 맛 그대로의 생기를 준다.

문명 평론가인 앨빈 토플러가 '제3의 물결'을 통해 21세기는 과학기술을 통한 정보화 시대가 찾아올 것이라고 예견했던 말도 이미 옛날이 되었다. 기술 혁명의 하나가 현대인들에게 필수가 된 스마트폰이다. 손전화 없이는 하루를 지탱할 수가 없다. 많이 쓰지도 않지만, 스마트폰을 집에 놓고 나간 날은 뭔가 불편한 것도 같고 불안해지기도 한다. 바쁜 현대 생활에는 남녀노소 할 것 없이 가만히 있지 못하고 초점을 잃어가기도 쉽다. 이런 때일수록 차 한 잔의 여유가 필요한 게 아닐까. 차 생활은 인간이 참으로 인간답게 살아갈 수 있는 아름다운 덕목의 하나가 될 수 있다는 것이 더욱 절실히 느껴진다.

삶을 아름답게 창조해내고, 인생의 내용을 풍부하게 할 수 있는 길이며, 조화와 균형을 터득하는 길잡이의 하나가 될 수 있는 게 바로 차 생활이다. 차 한 잔을 온전히 마시기 위해서는 일 년의 시간이 필요한지도 모른다. 아니, 평생이 필요할지도 모를 일이다.

찻잎을 봄철에 정갈하게 따서 만들고 잘 보관하여 눈서리 내리는 겨울까지 내내 따뜻이 우려 마신다. 물을 붓고 끓이며 기다리는 동안 우리는 자신을 성찰한다. 끊임없이 일렁이는 갈등의 요소들을 해소하며 안정을 찾는다. 다관에 물과 차를 넣고 알맞게 농익기를 기다리는 시간의 여유는, 영원을 향해 마음이 열리는, 사랑이 머무는, 축복의 순간이기도 하다.

차 한 잔을 마신다는 것은 기호음료의 물질적 개념만은 아니다. 사철 푸른 차나무의 꽃이 열매로 맺어 익어가는 일 년의 과정. 실화상봉수(實花相逢樹)인 차나무 본질의 의미, 차(茶)가 만들어지는 과정과 우려내는 여유, 그 분위기 전체를 마신다는 것을 의미하기도 한다. 그리하여 목적을 위한 과정을 소중하게 여기게 한다. 차를 마실 때 색, 향, 미를 잘 음미해야 한다고 하는 것은 우리의 몸과 의식이 분리되지 않고, 이때 이 순간에 있어야 함을 의미한다. 이 순간 목전의 일에 심혈을 기울이는 집중력을 키우기도 한다. 색향미가 잘 조화된 차 맛을 내기 위하여 자신이 직접 차를 행하여 가는 동안 자신의 삶을 조화롭게 꾸려 갈 수 있는 지혜를 얻게 되는 것이다.

차(茶)에는 각종 성인병을 예방하고 비만을 막아주며 노화를 지연시킨다는 것이 과학적 분석에서도 증명이 되었다. 요즈음 수입되는 각종 음료가 많지만, 우리 고유의 음료 중에 이 정도로 다양한 영양분과 약용성분을 조화롭게 포함하고 있는 것도 드물다. 더구나 오묘한 맛과 향까지 겸비했으니 과연 초의선사(1786-1866)가 노래한 대로 하늘과 사람, 귀신이 모두 아끼고 사랑한 기절한 성품이 아닐 수 없다. (天仙人鬼俱愛重知爾爲物誠奇絕)

진정 정갈한 차 맛과 차향처럼 나의 지닌 맛이 그리되어 가는지 찻물 앞에서 부끄러운 마음이다. 그러기에 나의 차마고도(茶馬孤道)의 행군은 계속되리라.

차의 맛, 삶의 맛

절기에 맞게 곡우가 흠뻑 내렸다. 비 내린 후, 산은 그 투명한 연둣빛을 반짝이고 있다. 곡우부터 입하 전까지는 세작인 햇차를 만드는 시기이다. 오늘같이 청명한 날은 찻잎 따기에 좋은 날이다. 별이 빛나는 밤사이 은빛 이슬을 가득 머금은 찻잎들을 다음날 맑은 아침 이슬이 깨기 전에 채취하여 그날 안으로 만들어야 좋은 차를 얻을 수 있다. 지금 남쪽 마을 차밭에서는 찻잎 따는 아낙들이 초록빛 마시며 차밭 이랑을 누비리라. 나뭇잎이 무성하여져 초록빛이 겹겹이 누비어지는 숲을 바라보니 차를 벗하며 선비 정신을 고양하고 차의 공덕과 정취를 노래하여 후세에 남긴 옛 차인들이 그리워진다.

"차(茶)에는 인생의 다섯 가지 맛이 있어 차 맛을 아는 것이 곧 인생을 아는 길이다." 초의선사의 〈다신전〉에 나오는 말이다. 씁쓸

하고 시큼한 것 같기도 하고, 약간은 매콤 텁텁하며, 달착지근한 맛이 함께 어우러져 은은한 맛과 향기가 오묘한 매력을 자아낸다. 우리의 인생살이도 차의 길과 같아 열심히 살다 보면 참맛 나는 삶의 길이 보일 것이다.

차에는 다른 음료에서 느낄 수 없는 특별한 무엇이 있다. 차만이 가지는 고요한 색 · 향 · 미가 있다. 깊은 호수의 맑은 물빛 같은 미묘한 색과 신비한 향이 있다. 고요한 기분으로 홀로 마시는 한 잔의 차나 마음이 통하는 서넛의 벗과 마시는 차의 아취는 인생의 번거로움을 한꺼번에 가라앉혀주는 매력이 있다. 문명의 발달과 기계화는 차생활에도 예외가 없다. 한때 다도니 다례니 하여 말도 많았다. 차 한 잔 마시는데 그렇게 까다로운 절차가 필요한 것인가 하고 말이다. 하지만 그것은 단순히 기호음료인 차 한 잔의 의미를 어디에 두는가에 따라 달라질 수 있다. 생활 속에서의 차 한 잔은 오히려 커피보다 더 간단할 수도 있다.

차생활은 차와 물의 성질을 조금 알면 즐길 수 있다. 그러나 예술적인 심미감이나 다도의 경지를 말하자면 얘기는 달라진다. 그것은 차생활을 하다 보면 자연히 느끼게 된다. 어떤 일이건, 기(技), 예(藝), 도(道) 하여 30년이라 했다. 기술적인 단련을 십여 년 쌓아가면 예술의 지경에 다다르며, 예술적 경지를 이루어가면 도의 경지가 보인다는 뜻이다.

하지만 학문하듯 이론만 알고 실행하지 않으며 자신에게 덕이 되지 못할 것이다. 문명의 발달이 최고조에 달하고 있는 현대사회에서는 다른 여러 분야와 마찬가지로 차생활도 편리해졌다. 차생활의 3대 요소라 할 수 있는 차와 물과 불을 쉽게 구할 수 있게 된 것이다. 그럼에도 현대인은 바쁘다. 탁한 마음을 여과시킬 한적한 시간을 낼 수 없다. 문명 중독의 메뉴가 많아지는 현대에야말로 차는 그 중독성과 취기를 걸러내는 역할의 한 부분을 한다고 하니 벗 삼을 만하지 않은가?

'게 눈이 지나가고 고기 눈이 일어나고, 소소히 솔바람 소리 들려오네.' 이는 물이 끓기 시작하는 모양과 소리를 주의 깊게 살펴본 옛사람들의 표현이다. 물이 완숙하기까지의 과정을 지켜보아 물이 맹탕이 되지 않기 위해서였다. 탕수를 끓이는 데 있어서도 옛사람들은 그 물 끓는 모양을 보고 들으며 시끄러운 마음을 달래었다. 우리가 일상 먹는 밥의 물도 뜸이 알맞게 들어야 맛이 있듯이 물도 알맞게 익어야 한다. 그리하여 차와 물의 조화가 잘되어 간이 잘 맞아야 좋은 맛을 낸다. 싱거운 사람, 짠 사람 하는 말도 이 차의 맛에서 비롯된 것이리라.

우리의 삶에도 삼삼하고 담백하게 간을 맞추어 한없이 들끓는 내부의 혼(魂)을 맑혀 우리의 소중한 생명을 맹탕 헛것이 되지 않도록 해야겠다. 어지럽고 들뜬 마음일 때 평화의 간을 하고 맹렬하게 휘몰아치는 물 기운 같을 때 봄비에 황사가 가라앉듯 오월의 솔바람 같은 아늑한 정적의 간을 할까. 채우고 또 채워도 가득 차지 않는 욕망의 불기둥은 비우고 나누는 사랑의 간을 맞추면 어떨지. 무엇보다 자신을 성찰하고 현실을 깊이 여과하는 지성의 간을 맞추어 경박한 부딪침 소리가 나지 않는 맛깔스런 삶의 맛을 내보도록 할 일이다.

우리가 이루어 온 근대화와 민주화만큼이나 우리 인간성도 성숙해졌을까? 차의 계절을 맞아, 우리의 전통문화가 얼마나 여과되어 우리의 현실에 재조명되고 수용되고 있는가를 생각해본다. 선인들이 이루어 놓은 차생활의 덕목마저 축제와 상업화한 이벤트에 가리어져 우리 삶의 간이 맹탕으로 되고 있지나 않은지 염려되는 마음도 없지 않은데…. 마침 전기 포트에서 솔바람이 일기 시작한다.

차茶 정신에 이르는 길

샛노랗게 물든 은행나무 가로수를 지나쳐 갑자기 길을 바꿨다. 단풍도 좋지만 이맘때부터 피기 시작하는 금산사의 차茶 꽃이 불현 듯 보고 싶어서였다. 우리나라에 자생하는 차나무는 가을이면 하얀 찔레꽃 같은 꽃이 함박눈송이처럼 핀다. 꽃들은 눈서리 속에서도 피었다가 일 년 내내 영글어 다음 가을에야 완숙한 열매가 된다. 같은 가지에서 동생 꽃과 만난다 하여 유실상봉수라 한다. 그 신령스러움으로 인하여 차의 효능은 그리도 다양하게 인간을 유익하게 하는가 보다.

차 한 잔을 얻기까지는 네 가지 과정을 거친다. 어느 길이든지 들어가려면 입문의 절차가 있다. 첫째는 찻잎을 채취하는 일이요, 둘째는 그 찻잎을 정성스레 빚어내는 일이요, 다음은 물과 불이다. 다도茶道에 입문하는 네 관문인 셈이다.

찻잎을 따는 일은 그 시기와 때가 중요하다. 이른 봄 곡우 전부터 가을까지 청명한 아침, 아직 이슬이 깨기 전에 재빨리 어린잎을 따야 한다. 그날 딴 잎은 그날 안으로 덖어야 한다. 차를 덖을 때 향을 잃지 않기 위해 손놀림도 민첩해야 한다. 또한 화력의 중화에도 신경을 써야 한다. 옛날에는 알맞은 불을 얻기 위하여 땔감의 선별도 소홀하지 않았다. 이렇게 하면 진다眞茶를 얻을 수 있다. 좋은 차 한 잔은 찻잎과 물과 불의 삼중주로 빚어내는 맛이다. 즉 양질의 찻잎과 근본의 물을 구하여 고르고 순수한 불, 그리고 만드는 이의 정성이 조화를 이뤄야 한다.

"차茶는 물의 신神이요 물은 차의 체體라 했으니 진수가 아니면 그 신이 나타나지 않으며, 진다가 아니면 그 체를 볼 수 없다."

찻물을 끓이는 수품水品으로 선인들은 산정에서 나는 석간수를 제일로 꼽았다. 《다경》에 보면 물에도 여덟 가지 덕이 있다 하여 근본의 물을 구하여야 한다고 되어 있다. 좋은 샘물을 구하여 체성이 튼튼한 불로 탕수를 끓이는데 불기운도 약하거나 너무 강하지 않은 중화의 불을 얻어야 한다고 하였다. 이렇게 하여 진다와 진수를 얻었을 때 비로소 중용의 덕을 얻을 수 있는 길이 열리게 된다.

진다와 진수를 얻어서 신과 체가 하나를 이루기 위하여 포법包法을 한다. 포법은 차를 우리는 것을 말한다. 차가 많아도 안 되고 물이 많아도 좋지 않다. 차가 많으면 맛이 쓰고 떫고 빛깔도 탁하고 향도 좋지 않다. 물이 많고 차가 적으면 맛도 온전하지 못하여 빛깔도 떨어지고 향도 미치지 못한다. 또한 너무 빨리 차를 따라도 안 되고 늦게 따라도 안 된다. 적당한 시간에 알맞게 우려서 따라야 한다.

적당한 양의 차를 넣고, 알맞은 시간 동안 우려서, 바르게 따르는 것을 중정법中正法이라 한다. 이 중정법의 덕이 중용中庸에 있다 하였다. 이 중용을 행하는 데는 팔에 그 책임이 있다. 마음이 조급하거나 착잡해도 안 되며, 편안하고 자연스런 자세로 임하여야 하는데, 이는 오직 마음에서 그 덕을 실천하도록 알맞게 해야 한다.

"예로부터 많은 성현들이 차를 사랑함은 차는 군자와 같이 그 성품에 사기(邪氣)가 없음이라." 내 거실 벽에 걸려 있는 액자의 글이다. 선인들이 차에 내포된 철학과 사상을 발견하여 도道의 경지로까지 승화시킨 셈이다. 차의 정신을 말할 때 불가에서는 선다일여禪茶一如라 했고, 유가에서는 다례의식茶禮儀式을 정립하고 절개節介를 이야기한다. 차나무가 상록수로서 추운 겨울을 눈보라 맞으며 기다리다 봄을 맞는 세한歲寒의 정이 있다 하여 선비의 정신을 비유했는가 하면, 차나무는 옮겨 심지 못한다 하여 부녀자의 정절을 뜻하기도 한다. 도가道家에서는 풍류를 말하기도 한다.

깊은 산골의 난이 고귀한 향을 발하여 그 향이 자신에게서 나온 것인 줄도 모르는 것이 참 선비의 모습이라고 한다. 차 맛과 향이 또한 그러하다. 선비와 선禪 수행자는 그처럼 매력적이어서 주위 사람들이 그를 흠모하여 따르게 되는 것이리라.

내 오늘 차 꽃 한 줌을 수반에 띄우니 옛 성현들을 보는 듯하여, 차茶 노래 속에서 그들과 함께 마음의 차를 마신다.

기뻐하며 노래 부르리/ 내가 이 세상 살기가 참으로 힘들구나./ 양생에 뜻이 있음에/ 차를 버리고 어떤 것을 찾겠는가?/ 나는 너를 지니고 다니며 어디서나 마시니/ 너는 나를 따라 노닐자꾸나!/ 꽃 피는 아침에도 달뜨는 저녁에도/ 노상 즐겁기만 하네.

이렇게 이목李穆이 노래한 〈마음의 차〉를 지녀볼까 한다. 항상 마음天君 속으로 두려워하면서 경계하기를, '삶은 죽음의 근본이요, 죽음은 삶의 뿌리'라는 준엄한 사실을 기억해야 하리라.

'안心만을 다스리면, 바깥身이 시든다.'고 혜강이 양생론을 지어서 그 어려움을 말하였으니, 그 어찌 빈 배를 지혜로운 바다智水에 띄우고, 아름다운 곡식을 어진 산仁山에 심는 것과 같으리오?' 차를 통해 안과 밖이 하나가 되는 깊은 경지에 들어가면, 그 즐거움을 꾀하지 않아도 저절로 이르게 된다고 했다. '차를 마심은/ 신령스런 기운 감돌아 현묘함에 들어/ 즐거움 저절로 이르나니/ 이 또

한 '내 마음의 차吾心之茶'이나니, 어찌 또다시 마음 밖에서 구하겠는가?' 서산대사의 다선일미茶禪一味와도 같은 경지이다. '낮에는 차 한 잔/ 밤에는 잠 한 숨/ 푸른 산 흰 구름이 다 함께/ 무생사無生死를 이야기하네.'

다선일미와 다심일미나 다 같은 선미禪味나 선미仙味임에 틀림없으나, 그런 경지를 좇아 바라보기라도 하리라. 아니, 다심일미가 일상으로 이어지도록 할 일이다. '청정감로차淸淨甘露茶/ 보공시방여普供十方侶',

내 마음의 차

연두색이 하루하루 짙어가는 산은 싱그러운 향내마저 뿜어내며 앙탄자를 짜고 있는 듯하다. 오묘한 녹색 보까시 카펫에 정다운 벗들과 마주앉아서 그 연두 빛 우려진 감미로운 햇차 맛이 보고 싶다. 절기에 맞게 곡우가 흠뻑 내렸다. 비 내린 후, 산은 그 투명한 연 초록의 빛으로 반짝이고 있다. 곡우부터 입하 전까지는 세작인 햇차를 만드는 시기이다. 오늘 같이 청명한 날은 찻잎 따기에 좋은 날이다. 별이 빛나는 밤사이 은빛이슬을 가득 머금은 찻잎들을 다음 날 맑은 아침이슬이 깨기 전에 채취하여 그날 안으로 만들어야 좋은 차를 얻을 수 있다, 지금 남쪽마을 차밭에서는 찻잎 따는 아낙들이 초록빛 마시며 차밭 이랑을 누비리라

해마다 이른 봄 곡우차를 빚어 제일 먼저 부처님께 차 공양을 올리던 순향(純香)같은 나의 스승이자 차 벗이었던 그 님은 이 봄엔

어디에서 차를 빚을까. 나무 잎이 무성하여져 초록빛이 겹겹이 누비어지는 숲을 바라보니 차를 벗하며 선비 정신을 고양하고 차의 공덕과 정취를 노래하여 후세에 남긴 옛 성현들이 그리워진다.

차라고 하는 것은 사람들이 마시는 기호음료 중의 하나다. 보통 우리들이 누구를 만나면 차나 한 잔 하지 한다. 또 집에 손님이 왔을 때나 손님으로 갔을 때도 처음에 차를 내게 마련이다. 그렇게 차는 사람과 사람 사이의 마음의 문을 여는 매개체가 되고 있다. 그러한 일반적인 말의 차는 엄밀히 말하자면 전통적인 정통적 차라 할 수 없다. 차는 원래 동양차와 서양차로 나눌 수가 있다. 우리 고유의 탕 같은 것은 차의 대용일 뿐.

차는 차나무 잎으로 만든 것을 정통차라 하고 커피는 커피나무 열매를 볶아서 끓여 마시는 것이니. 그러니 커피는 차가 아니다. 지난 1988년 올림픽을 앞두고 있을 때 우리나라에서는 정책적으로 우리 문화 찾기 분위기가 조성되었다. 그 때를 계기로 하여 차문화도 초의선사와 茶山 정약용선생과 추사 김정희 선생에 이어 제 2의 부흥기를 맞았다고나 할까? 20여년이 지난 오늘날에 와서는 차가 보편화되었다. 차를 좋아하는 사람들의 열성에 의하여 말 그대로 다반사가 되었다. 문명의 발달과 기계화는 차 생활에도 예외가 없다. 한 때 다도(茶道)니 다례(茶禮)니 하여 말도 많았다. 차 한 잔 마시는데 그렇게 까다로운 절차가 필요한 것인가 하고 말이다. 하지만 그것은 잘 몰라서 하는 말이며 습관화되지 않아서 하는 말인 것 같다. 생활 속에서의 차 한 잔은 오히려 커피보다 더 간단하다.

차에는 차만이 가지는 고유한 색, 향, 미 가 있다. 호수의 맑은 물빛 같은 미묘한 색과 신비한 향이 있다. 고요한 기분으로 홀로 마시는 한 잔의 차나 마음이 통하는 서넛의 벗과 마시는 차의 아취는 인생의 번거로움을 한꺼번에 가라앉혀주는 매력이 있다.

차 생활은 차와 물의 성질을 조금 알면 즐길 수 있다. 그러나 예술적인 심미감이나 다도의 경지를 말하자면 얘기는 달라진다. 그것은 차 생활을 하다 보면 자연히 느끼게 된다. 어떤 일이건 기, 예, 도(技, 藝, 道)하여 30년이라 했다. 기술적인 단련을 십여 년 쌓아 가면 예술의 지경에 다다르며, 예술적 경지를 이루어가면 도의 경지가 보인다는 뜻이다.

우리들의 인생살이도 그와 같아 열심히 살다 보면 참 삶의 길이 보일 것이다. 차에도 우리의 인생길과 같은 길이 있다. 하지만 학문하듯 학문에 매여 그 실행을 하지 않으면 자신에게 덕이 되지 못할 것이다. 문명의 발달이 최고조에 달하고 있는 현대사회에서는 다른 여러 분야와 마찬가지로 차 생활도 편리해졌다. 차 생활의 3대 요소라 할 수 있는 차와 물과 불을 쉽게 구할 수 있게 된 것이다.

옛날에는 차를 구하기도 어려워서 아주 귀하게 여겼다. 추사 김정희가 제주도에 귀양하고 있을 때의 일이다. 초의선사가 손수 법제하여 보내주는 차 봉지를 받으며 오갔던 정신적 교류에 대한 이야기는 흥미롭다. 강진에서 유배 생활을 하는 다산 정약용이 차(茶)를 얻으러 다산초당에서 백련사를 찾아다녔던 일화는 너무도 유명하다. 지금도 그 오솔길 주변에는 야트막한 차나무들이 꽃을 피우고 있으리라. 지금은 백련사나 금산사 뿐 아니라 차 유적지 주변에서 얼마든지 훌륭한 차도구들과 차를 구할 수 있다.

옛날에는 사찰주변의 자생 차 밭에서, 수행하는 스님들이 잠을 깨기 위하여 혹은 약용으로 쓰기 위하여 차를 법제하였다. 또한 궁중에 차를 진상하기 위하여 차가 생산되는 마을에선 민초들 노역 때문에 원성이 대단하였다 한다. 현대는 차밭 조성도 많이 되어있고, 다도도 생산자와 소비자 다도가 구분되기도 한다. 차를 구하기도 쉽고, 물 또한 생수와 정수기가 일반화되어 있으니 얼마나 좋은가?

선인들은 좋은 물을 구하기 위하여 산정을 올라야 했고 강 가운데까지 들어가야 했다. 중국의 다성(茶聖)이었던 육우의 다경에 보면 물의 품성을 20단계로 구분하고 있다. 체성이 좋은 불을 얻기 위하여 땔감으로 쓰일 나무 가지를 선별하는 것도 중요한 일이었다. 지금은 전기와 가스가 있으니 얼마든지 화력을 조정할 수 있지 않은가. 그럼에도 현대인은 바쁘다. 탁한 마음을 여과시킬 한적한 시간을 낼 수 없다. 문명 중독의 메뉴가 많아지는 현대에야 말로 차는 그 중독성과 취기를 걸러내는 역할의 한 부분을 한다고 하니 벗 삼을 만 하지 않은가?

인연

참으로 감미로운 여름 아침을 맞았다. 산에서 내려오는 맑은 바람 속에 연꽃이 내려다보이는 발코니에서 차를 마셨다. 어제 오후 어슬녘에 대원사의 암자에 들었다. 처마 끝 뜰에는 백련이 달보드레한 향기를 내뿜고 있었다. 어느새 그 연꽃 속에 녹차 한 줌을 넣어두었던가. 스님이 마련한 연차를 마신 뒤, 우리는 주인 스님의 안내로 대원사와 티베트박물관 정원 산책에 나섰다. 연못이 내려다보이는 정자에서 백련과 수련을 감상하고 천봉산 기슭의 숲속 둘레길을 걸었다. 아실암의 너른 마당에는 불시착한 비행기와 어린왕자의 형상이 서 있었다. 세계일화(世界一花)란 현판이 붙은 문 앞에서 사진을 찍고, 아실암에 불시착한 나도 어린왕자와 친구가 되어, 세계의 한 꽃잎이 되었다.

'참 인연이란 묘하지? 봄마다 차(茶)를 만들 때면 보살을 생각한다니까.' 전화를 받고 어제도 만난 사람 같이 스님의 처소에 갔다. 2박 3일을 지나는 동안 그간의 이야기도 들으며 찻잎을 따고 밤에 차를 빚었다.

벌써 40여 년 인연의 세월이다. 80년대 초에 내가 전주에서 처음 다례원을 열었을 때 그분은 나를 찾았다. 전주에 오니 차(茶) 하는 사람도 없다 하여 반가웠다고. 우리는 그날로 도반처럼 스스럼없이 지냈다. 금산사에서 봄마다 차를 만들고 차회(茶會)를 열었다. 그분이 남원 대복사의 주지를 맡고 있을 때, 2004년이었다. 매주 그 절을 찾았다. 그분은 절을 맡을 때마다 차나무를 심고 신도들께 차를 알렸다. 내가 그 일을 도왔다. 그분이 남원을 떠나 경기도로 멀리 떠난 뒤, 오랫동안 만나지 못했다.

겨울에 치앙마이에서 한 철을 보내고 따뜻해지면 한국으로 돌아오는 생활을 하였다. 지금은 불교의 어떤 소임도 맡지 않고 가끔 강의 청탁을 받는 것 같았다. 내소사 근처로 와서 개인 법당을 지니고 있다. 올봄에도 그렇게 전화를 받고 갑자기 만나서 같이 차를 만들고 왔다. 그런 뒤, 7월 초입에 느닷없이 장흥에 같이 가자는 전갈이 와서 또 달려갔다.

우린 내려가면서 서로가 아는 한 사람의 이야기를 나누었다. 바로 내 젊은 날 레테의 강 뱃사공 같았던, 요가 사부님이었던 J 선생이다. J 선생도 전주를 떠난 뒤에는 소식만 들었지 만나지는 못했다. 그가 인도를 유람할 당시에 나는 우리 차를 보내주고 그는 사진과 소식을 보내오기도 했다. 겨울만 되면 나도 그의 인도에 가고 싶었다. 그런 뒤 서울에서 인도여행사를 하면서 결혼했다는 소식을 들었을 뿐이다. 그러는 동안 스님이 인도 여행을 할 때 J선생의 도움을 받으면서 서로 잘 알게 된 모양이다. J선생은 출가하지는 않았지만 재가 수행을 하였기 때문에 서로가 스스럼없는 친구가 되었던 것 같았다. 두 분 모두 나보다 훨씬 젊지만 내게는 인생길의 도반이자 스승들이다. 특히 스님은 내게 유일하게 시어머님 노릇도 마다하지 않는 분이다. 그분의 일상은 나태해지는 내게 즐거운 청량제가 되기도 한다. 내가 원효대사라 칭한다. 비구니 스님이지만.

참으로 묘한 인연임에 틀림없다. 살아 있으면 이렇게도 만날 수 있다니. J선생이 지금 장흥에 있다고 한다. 만나지 못하고 지낸 사이 그분의 결혼생활이 끝났고, 부인이 저 세상을 떠난 뒤 49제를 장흥에서 지냈다. 지금 천관산 휴양림에서 동지들과 휴식하고 있다고 한다. 장흥에 도착하여 평화다원에서 장흥의 청태전 차의 명인을 만나서 그의 전차(煎茶)를 맛본 뒤, 천관산으로 가서 셋이 한 자리에서 만났다. 한순간에 한 평생이 지난 것 같았다. 청년 시절보다 중년을 넘어선 중후한 선생의 모습이었다. 지난 이야기도 못다 나눈 채 총총히 헤어졌다.

만감이 교차된 채로 헤어져서 언제 다시 만나 회포를 풀어야 할까 하는 생각이 든다. 피천득 선생의 〈인연〉에서는 세 번째는 안 만나야 좋았을 것이라고 했는데. 나도 그 대목이 생각나지만 인연의 내용은 차원이 다르다. 다시 꼭 만나서 회포를 풀어야 할 이유는 없었지만, 내 인생의 중요한 고비에 만난 분이기에 잊을 수는 없다. 강을 건넌 배가 고맙고 소중하다고 짊어지고 다닐 필요는 없다. 서로 자유롭게 살아가면 되는 거다. 우화등선 할 일만 남았다는 그의 말이 인상적이기도 해서다.

저녁이 되어 보성의 대원사를 향해 떠나왔다. 수국 꽃과 백련이 맞이해주는 아실암의 스님이 마련해준 저녁을 먹고 시원하게 밤을 새운 다음날 아침을 그렇게 맞았다. 청신한 아침 연차를 마시며 그냥 '세계일화'의 뜻대로 모든 인연의 갈래를 생각했다. 갑자기 다시 만나야 할 시절 인연 이 찾아올지도 모르겠다.

인연을 생각하며 한밤중에 홀로 차를 우린다. 오묘한 녹차 맛이라니! 음! 나도 모르게 깊은 울림이 가슴을 따뜻하게 연다. 몸에 젖어 있는 듯하지만, 역시 오랜만의 녹차 맛이다. 발효차나 보이차를 늘 가지고 다니며 일상을 정리하지만. 이번 녹차는 정갈한 수행 도량의 향기에 젖게 한다. 강을 건너는 사람도, 배도 사공도 없이 다만 시절 따라 인연의 강물만 흐르는가.

수류화개실水流花開室

으음!

…….

시든 잎이 한 모금의 물을 만났을 때 이렇지 않을까? 귀찮아서 아무것도 하기 싫을 때면, 차茶 자리만이라도 정갈하게 치우고 홀로 차를 우린다. 최소한의 다기라도 만지작거리며 찻물 흐르는 소리를 듣고 차가 우러나기를 잠시 무심無心으로 기다렸다가 한 모금 입안에 머금으면, 입안에서부터 가슴속 깊은 곳이 순간 환해질 때가 있다. 그 맛을 무엇으로 가늠할 것인가.

입안으로 녹아드는 향 맑은 기운이여!/ 빛깔과 향과 맛이 어우러진 이 절묘한 맛!

선인의 말을 빌어볼까. "이것은 감로입니다." 평생 차를 마셔 오지만, 늘 처음 마시는 듯한 그 오묘한 맛을 무어라 말할 수가 없음이다. "차는 푸른 비췻빛이 으뜸인데 찻물 빛깔이 람백藍白이면 좋고, 눈빛이 위요, 비췻빛 물빛이 중간이며, 누른 물빛이 아래이다." 차를 오묘하고 공교工巧히 달여 옥 같은 차, 얼음 같은 물빛, 잔에 담기는 절묘한 기예技藝여! "맛이 달고 보드라우면 위이고, 쓰고 떫으면 아래니라." 차는 자연의 진향眞香이 있어, 이물질이 들어가면 그 진성眞性을 잃는다는 것. 이런 표현들은 녹차(잎차)일 때 해당하는 말이다. 발효차일 것 같으면 또 다른 빛깔과 맛과 감흥이 나온다.

오랫동안 여러 가지 차를 마셔 보니, 잎차라도 그 빛깔과 맛이 제각기 다른 묘미가 있다. 찻잎을 딴 시기와 만든 사람의 성정 따라서, 혹은 차 우리는 기예에 의해서 그 빛깔과 맛과 향이 다르다. 혼자 마시는 차도 때때로 그 묘미가 다르다. 그래도 역시나 그 맛은 고유한 차 맛이다. 첫 잔과 다음 차의 색 향 미가 차이가 있다. 위의 표현대로라면 올봄 차로 할 것 같으며 4월 27일이나 29일 만든 녹차, 새순(일창 이기)으로만 딴 잎이 그 맛과 색깔을 낼 수 있지 않을까 싶기도 하다. 물론 지역마다 다르기도 하다.

제대로 된 차라면 선인이 그랬듯이, 첫 잔은 향으로 마시고 두 번째 잔은 맛으로 마시고 셋 이후는 약으로 마신다 했다. 첫 잔의 마지막 한 방울은 애첩도 주지 않는다고 했던가. 좀 거품이 든 표현이라 하겠지만, 좋은 차를 구하기 어려웠던 시절이어서 더욱 귀한 한 방울이었을 것이다. 다관에 우려진 첫 잔의 마지막 한 방울이 잘 우려진 한 모금이 될 수도 있기에 그런 표현을 할 수도 있지 않았을까 여겨진다.

한 젊은 청년이 법정 스님을 찾아와서 불쑥 '수류화개실'이 어디냐고 물었다. 스님도 불쑥, 네가 서 있는 바로 그 자리라고 일러 주었다. 법정 스님께서 생전에 조계산에 삼 칸 절을 짓고 다실 이름으로 지은 '수류화개실'은 중국 송대의 시인이며 화가인 황산곡의 글에서 비롯되었다고 한다.

만리청천萬里靑天 구만리 푸른 하늘에
운기우래雲起雨來 구름 일고 비 내리네
공산무인空山無人 빈 산에 사람 끊이니
수류화개水流花開 물이 흐르고 꽃이 피더라

몇 자 안 되는 황산곡의 글귀에는 푸른 하늘과 구름과 비, 산과 사람과 물과 꽃이 들어 있다. 갈봄여름 없이 꽃이 피는 자연의 신비를 누릴 수 있는 사람이라면 누구라도 꽃이 될 수 있겠지. 자신이 지니고 있는 성품을 갈고 닦아 좋은 특성으로 기르고 그것이

잠재력으로 응집되어 꽃으로 피어날 수 있다면 생의 정점에 다다를 수 있으리라. 그만이 지닌 빛깔과 향기와 모양이 주위를 환하게 비출 것이다. 그의 품성대로 피어나야지 서양 무궁화나 부용화가 우리 무궁화를 닮으려 하거나 살구꽃이나 벚꽃이 매화를 닮으려 한다면 부용화나 살구꽃에게는 비극일 뿐 아니라 둘레의 불행이 될 것이다. '수류화개실'은 지정된 어느 한곳을 말함이 아니다. 사람은 마땅히 언제 어디서 어떤 형태로 살든 그 속 뜰에서 물이 흐르고 꽃이 피어날 수 있어야 한다는 뜻으로 말씀하였다. 강물처럼 어디에도 갇히지 않고 영원히 흐를 수 있으면 얼마나 좋겠는가.

토마스 머튼의 말대로 법정 스님은 혼자 있을 때 가장 넉넉하고 충만하다고 했다. "깊은 산사의 조그만 방에서 차를 마시면서 다기를 매만지고 있으면 참으로 넉넉하고 충만한 내 속 뜰이 열린다. 이 속 뜰에서 나는 세상의 소리를 듣고 인간사를 바라보면서 내 자신을 들여다본다."

이제야 겨우 나도 홀로 마시는 차를 신(神)이라 한 까닭이 깊이와 닿는다. 역시 초의선사의 《다신전茶神傳》의 음차飮茶 조를 빌려본다. 차 마실 때 손이 작아야 귀하다. 손이 많으면 시끄럽고, 홀로 마시면 신령스럽고, 두 손이면 으뜸이며, 서넛이면 멋스럽고, 대여섯이면 들뜨며, 일고여덟이면 베풂이라 한다. 일상을 운영할 때도 참고가 될 만 한 말인가 싶다.

법정 스님의 혼자 사는 그 내용을 참으로 이해할 것 같은 요즈음이다. 젊을 때부터 혼자 하던 훈련이 약이 된 것일까. 세상살이 수행자처럼 살기를 원했기 때문일까. 홀로 있어 좋고 또 더불어 할 수 있는 사람이 있어 좋다. 삶은 영원한 수행의 과정일 테니까.

'홀로 있을수록 함께 있다.'는 말은 쉽게 할 수 있는 말은 아닌 것 같다. 그러기에 혼자 있는 시간은 우주와 합일하도록 열어둘 수 있으면 함께 있다는 넉넉함을 알 수 있지 않을까. 오랜 벗도 늘 새롭게 함께라면 더욱 그렇다. 나에게 차는 그래서 고맙고 정답고 향기로운 삶의 벗이다. 언제 어디서 무엇을 하든, 그 자리가 곧 바로 수류화개실이 되었으면 좋겠다. 아니 나 자체가 수류화개실이어야 하겠지.

*

'수류화개'라면 송대 시인 황정견(호, 산곡)이 떠오른다.

법정스님께선 자신의 삶 속에서 꽃을 피우고 물이 흐르도록 하라셨다. 자신의 자리를 두고, 먼 곳을 바라보며 기웃거리고 찾으려하면 헛수고란다. 스님의 맑고 향기로운 글귀를 읽으며 내 마음의 상념들을 솎아내야겠다는 생각이다..

그 옛날 대학자와 스님, 정약용등 실학자들도 차를 군자로 여겨 가까이 두었고, 찻자리를 펼쳐 절창의 다시茶詩를 읊조리며 삶의 위안을 얻었다. 나도 아직 진정한 차꾼은 아니지만, 해마다 '곡우' 즈음에는 시절을 좇아 '채다 나들이'를 간다. 눈록嫩綠의 움싹이 주는 신비한 생명력에 이끌려서다. 겨우내 눈보라와 비바람을 견뎌내어 피운 강인한 여린 잎새. 찻잎을 따고 덖고 비비고 갈무리하며 번다한 심상을 다잡는다.

연(蓮) 바람

연꽃을 만나러 맑은 아침 연못에 왔다. 연꽃 하나하나와 눈 맞춤 한다.

연꽃을 같이 노래할 사람이 오고 있다. 이제 연밭의 연은 왕성하게 자라서 연못을 가득 메우고 있다. 여름의 절정을 연꽃과 함께 넘기게 되는 축복을 연꽃 만나러 온 바람에 보낸다.

홍련밭, 백련밭, 일찍 핀 연은 벌써 씨알이 햇살을 받아 새카맣게 익고 있다. 저렇게 각기 홀로인 채로 서로 어울려 자라고 익어 간다.

연의 자태는 초연한 모습이다. 나는 벌써 온몸이 땀에 젖는데, 연잎에는 엊저녁에 받은 이슬이 보석처럼 담겨 있는 것도 있고, 이슬방울이 윤슬처럼 빛나는 잎도 많다. 아침햇살 속에 찬란하게 빛나는 연밭의 생기에 절기를 잊는다. 땡볕을 돌며 연을 살펴보다 새삼 깊은 탄성이 가슴 밑에서 울려 퍼진다.

연화장세계(蓮華藏世界). "『화엄경』에서는 노사나불의 서원(誓願)과 수행에 의하여 현출된 이상적인 세계가 이 연화장세계라고 보았다. 즉 세계의 맨 밑에 풍륜(風輪)이 있고 그 위에 향수해(香水海)가 있으며, 이 향수의 바다 속에 한 송이의 큰 연꽃이 있는데, 이 연꽃 속에 함장(含藏)되어 있는 것이 연화장세계라고 한다. 어찌하여 모든 부처는 연화장에 앉아 있는지를 알만하다. 불교에서 진리의 상징을 연화생기(蓮花生起)하는 모습으로 형상화하는 까닭이리라. 연꽃이 지닌 한없는 성덕의 진리를 수행해야 하는 이유가 되기에 충분한 것 같다.

연화장세계, "부처의 입장에서 해석하면 대원(大願)의 바람으로써 대비(大悲)의 바다를 지키고, 한없는 행(行)의 꽃을 나타내어 자리(自利) 이타(利他)를 다 간직할 뿐 아니라, 염정(染淨)이 서로 걸림 없는 상태에 있는 세계라고 하였다." 참으로 우러러 따를 만하다.

연꽃이 저렇게 뜨거운 햇볕을 종일 받아내려면 어떤 힘으로 견뎌낼까. 동물도 식물도 그 개체가 살아가는 방법은 저마다의 생존 전략을 가지고 있다. 아름다움만 보고 흘려보냈기에 그 지혜를 잊고 있는 때가 많았다.

연은 물속에 발을 담그고 생명을 키운다. 그렇구나! 뿌리에도 자방 같은 구멍을 정교하게 만든다. 뿌리 전체에 연결하는 근육이 꽃

문양으로 이어 있다. 겉 몸 근육 피부 속이 비어서 가볍다. 긴 연뿌리 하나는 마디로 연결하여 또 하나의 뿌리를 이어 뻗어간다. 또한 뿌리에서 발아한 꽃대나 잎대는 외줄기로 곧게 올라온다. 그 속이 또한 연뿌리의 구멍처럼 비어 있다니, 진흙탕에서 정화한 생명력을 그 빈 숨구멍으로 끌어올리는 것이 아닌가! 물과 태양의 힘이다. 종일 그늘 한 점 없는 햇볕 아래 서 있으면서 아름다운 생명력을 발휘한다는 깨달음으로 환희심에 젖는다. 연은 뿌리에서부터 줄기, 꽃과 잎 전부를 이 세상에 공양한다. 연화장의 정신까지. 우리가 애용하지 않고 수행하지 않을 뿐.

연꽃을 피워내야 하리라. 내 생애에서도. 비라면 비, 눈이면 눈, 태풍이 와도. 진흙탕 같은 현실이 뒤범벅되어 일상이 혼란할 때가 있다. 인간 세상은 복잡한 현상과 관계로 어지러울 때가 많다. 자연에 맞는 순리를 찾아 슬기롭게 헤쳐 나가야 하리라. 몸의 세포마다 깊은 호흡으로 마음을 열고, 몸속의 구멍의 역할이 윤활하게 돌아가도록 살핀다. 또한, 피돌기가 잘 돌게 가꾸어야 하리라. 어디 사람 몸뿐이랴! 자신의 짐을 등에 짊어지고 가야 할 이 세상이라면, 마음에 연꽃의 지혜를 심을 일이다. 비어 있는 연의 대처럼. 가벼이.

추억의 덕진 연못

연지가 내려다보이는 언덕에 집을 짓고 살았던 우리는 동네 아이들과 더불어 연못에 자주 드나들었다. 늘 튼튼한 삼각 다리를 붙여서 함께 자동으로 찍을 수 있는 사진기를 들고 다녔는데, 그때의 추억들이 사진처럼, 울긋불긋한 색조의 '연못'이란 제목의 그림 속에 담겨 있다. 내 딸이 초등학교 3학년 때 미술학원에서 열린 전시회에 출품했던 작품이다. 연못에서 놀던 기억을 떠올려 그렸지 싶었다. 그림 속의 주인공들이 이제는 어엿한 성인이 되어 인생의 한여름을 수놓고 있다.

수많은 세월이 지나도 여름만 되면 연꽃이 피어나는 공원이 있어 한더위의 열기가 애틋한 뜨거움으로 느껴진다. 덕진공원은 많은 변화를 겪어왔다. 몇 년 전부터 연못 한가운데에 돌다리를 놓더니, 올해는 돌다리 가운데 한옥의 쉼터 건물을 지었다. 처음 그 건물을 보았을 때는 거부감이 들었지만, 정문으로 들어갈 때는 멀리 보여서 풍경을 거스르지는 않은 것 같아 마음이 한결 가벼웠다. 이전의 연화정과 출렁다리가 노후되어 철거해야 했던 것이었다. 덕진공원에는 여고 시절부터 할머니가 된 지금까지의 각가지 추억이 켜켜이 쌓인 곳이다.

사랑의 열기를 품고 달려갔던 연지, 얼굴의 홍조가 연꽃들로 더

더욱 붉어져 가슴이 두근거렸던 그날, 이른 아침 안개 속에 시퍼렇게 넘실대는 연잎 사이사이로 올라와 있는 연향이 하늘 한가득 그윽했다. 후끈하게 땀이 배어 끈끈한 여름날의 사랑도 한여름의 소낙비에 젖으면 다시 생기를 얻고 밤바람 속에 아이들의 웃음소리는 뜨거운 열기를 날렸지. 연못가를 거닐고 있는 사람들이 옷깃 사이로 연향을 날리며 한 풍경 속으로 어우러졌었지.

연못의 한쪽에서는 오리배를 탈 수도 있었다. 여고 시절 언니와 같이 놀러 와서 배를 타고 사진도 찍었지, 옛날에는 노송동에서 철길을 걸어서 덕진 연못까지 걸어갈 수도 있었던 때가 있었다. 단옷날에는 창포물이 흐르는 계곡으로 머리를 감고 물맞이하는 아낙네들도 있었지만, 현대에 와서는 공원 안에서 단오 행사를 크게 한다. 며느리와 사위를 맞았을 때도 전주에 처음 왔을 때는 덕진공원을 소개하기도 했다. 공원의 주변은 세월 따라 많은 변모가 있어서 옛날의 자연스러운 풍치는 없지만, 둘레의 울창한 숲을 이룬 노거수들은 추억을 되살리기에 충분하다. 연못 쪽으로 비스듬히 누운 팽나무 등걸에 올라가기도 했는데, 지금은 둥치에 많은 옹이가 박혀서 지난한 세월을 말하고 있다. 뜨거운 열기와 혼란스러운 사회현상의 소식도 연 바람이라면 멀리 날려 버린다. '만나러 가는 바람 아니라 만나고 가는 바람'으로 기억하라며.

마침내 연못가의 배롱나무에도 빨간 꽃잎이 달리기 시작하니 초록 나무들은 긴 숨을 들여 마시고 생동감 넘치는 춤사위를 준비한다. 백일 동안 배롱꽃이 피고 지는 사이 눈물 같은 벼꽃도 피어서 영근 꿈을 키울 것이다. 수많은 생명이 숨 쉬는 연못의 밀어들, 아침 새벽부터 부지런한 새들의 요란한 지저귐. 여름이 아니면 언제 들을 수 있을 건가.

처염상정(處染常淨)의 꽃. 진흙 속에서부터 맑게 기운을 투과하는 숨구멍을 스스로 만든다. 꽃대 하나로 올곧게 올라와서 가지도 치지 않고 홀로 한세상을 지키는 삶이다. 순수한 맑음의 표상인 백련, 오묘한 홍련의 모습, 어느 한 송이라도 천년의 생명을 이어오지 않은 것이 있겠는가. 열반적정(涅槃寂靜)의 응축된 기운으로 피워낸 꽃이 아닌가. 바라보고 또 보아도 총총한 그리움으로 밀려드는 감회에 젖는 것이리라.

기도하는 나무

초록 물이 봄 천지의 꽃불을 끌 때쯤이면 유난히 흰 꽃이 눈에 많이 띈다. 차밭 근처의 때죽나무꽃들이 내 마음에 벌써 들어와서 종을 울렸다. 때죽나무꽃은 긴 꽃자루에 작은 종 모양의 꽃잎이 옹기종기 매달려서 땅바닥만 내려다보며 나무 밑에 누워 있는 나를 향해 웃곤 했다.

남녘의 차밭으로 가던 날, 산언덕과 들판마다 피던 찔레꽃, '전쟁이 휩쓸고 간 저 귀 아픈 벌판에 그날의 포연(砲煙)처럼 젊은 피의 생명 밭에 자유롭게 핀 들장미'라고 황금찬 시인은 노래했지.

흰 꽃이라면 조팝나무꽃과 이팝나무꽃을 말하지 않을 수 없다. 그리고 향긋한 아까시. 조팝나무는 조밥도 먹지 못했던 선인들을 생각나게 하고, 입하 무렵에 핀다고 해서 이팝나무는 '이밥에 고깃국'을 연상하게 했다지.

길가에서, 빈 들녘이나 나대지에서 흐드러지게 무리 짓는 개망초는 작은 벌레들의 온상지가 된다. 모두가 처연한 흰 꽃들이다. 나무들은 꽃을 피워내야 그 존재감을 드러내는 것인지도 모른다. 꽃으로 말하며…. 하얀 꽃숭어리가 눈송이처럼 푸른 잎에 쌓여 있다. 이렇게 주위에 이팝나무 거리가 많은 줄을 새삼스럽게 발견하면서 꽃나무 바라기를 하게 된다. 그래서 흰 꽃은 백의민족인 우리의 조상과 부모의 상징이 되어 피고 또 피는 것인가.

좋아하고 그리워하면 반드시 만나게 되는 법이다. 시내로 나가는 길에 산딸나무를 만나고, 도서관 가는 길에서도 만나서 올려다보았다. 오늘은 자동차로만 지나치던 동네 가까운 마을을 산책했다. 다육이 농원의 팻말을 보고 걷던 중, 길가에서 산딸나무 몇 그루를 또 만났다. 한 나무는 지금까지 만나본 산딸나무 중에서 가장 환상적인 모습이었다. 꽃송이가 나뭇잎 위에 앉은 것이 아니라 수많은 흰나비가 나무 전체에 엉겨 붙어 있는 형상이었다. 한참을 나무 주위를 서성거렸다. 어느 해 5월, 지리산 청학동 삼성궁을 찾았을 때가 떠올랐다. 가만 버찌가 떨어진 산길에서 벌써 때죽나무꽃들이 쨍그랑거리면서 발끝을 멈추게 했다. 신록의 갖가지 나무들이 스크럼을 짜고 서로 어깨를 비비며 하늘을 향하는 가운데 풍광도 아름다운 산 숲, 곳곳에 희한한 하얀 나비들이 앉은 듯한 산딸나무 군락이 있었다. 흰 꽃 중에서 산딸나무 꽃은 단연 백미다

산딸나무는 층층나뭇과에 속한다. 5, 6월에 작년에 난 가지 끝에서 두상꽃차례로 꽃이 핀다. 흰색 턱잎이 넉 장인데 십자가 모양을 이루며 꽃잎처럼 보인다. 타원형의 네 잎 가운데 녹색 열매가 사실은 꽃이며 꼭 가시 붙은 딸기 모양이다. 나무 꼭대기에 하얗게 흰나비가 모여 앉은 모습이다. 나무가 하얀 너울을 쓴 것 같기도 하여 황홀하도록 거룩하고, 그 나무 밑에서는 저절로 고요해진다. 산딸나무가 그래서 십자가 나무라고 하는가. 기도하는 나무. 예수가 십자가에 못 박힐 때 쓰인 나무가 산딸나무였다 하여 산딸나무가 예수의 고통을 덜어드리고 싶어 했다는 전설이 있단다. 그래서 승암산 자락의 순교자 성지 아래에 산딸나무를 심었을까. 사제관 올라가는 길에서도 그 꽃을 보고 잠시 묵상에 잠기곤 했다. 전쟁의 후유증이 평생의 십자가가 되었던 어머니의 기도하는 모습이 꼭 산딸나무꽃 같았다. 가을에 하얀 네 잎은 떨어지고 녹색 딸기 모양 꽃은 빨갛게 익어 나무에 달린 딸기가 된다.

"땅에 머리를 박고 거꾸로 자라서(首地而倒生), 우와 민(절강성 동부 지역)의 빼어난 기운을 차지하고 산천의 영기(靈氣)를 모아 가슴이 막힌 것을 씻어서 떨어 없애며, 맑고 온화한 경지에 이르게 한다." 북송(北宋)의 휘종 황제 조길(趙佶)이 그의 대관다론(大觀茶論)에서 차나무를 일러 그렇게 서두를 시작하였다. 여름이 다가오면 한자리에서 수백 년, 인생의 몇 배를 살아내는 나무들이 새삼 경이롭게 다가온다. 거꾸로 땅속으로 머리칼을 길게 깊이 뿌리내리는 만큼 큰 나무로 자라는 모습으로 일회성의 인생에 어떤 생명의 본질을 얘기하는 걸까.

사람이 원하는 것을 철마다 내어주고 나중에는 몸 전체를 다 내어준 후 남은 그루터기마저 늙은 몸을 쉬게 하는 나무. '아낌없이 내어주는 나무'를 생각한다. 우주 섭리의 목적을 완성하는 표상이라면 사람도 그런 나무만큼이라도 살아낼 수 있으면 싶다. 사람의 이익만을 위하여 나무를 이용만 한다면 내 몸을 함부로 사는 것과 다르지 않을까.

나무는 모두 나무인데 같은 나무는 없다. 사람도 사람이지만 모두 다르다. 서로 잘 알 것 같지만, 모른다. 동식물 모두 같은 생명을 지니고 있지만, 그 생명의 신비를 어찌 알 수 있는가. 배고팠던 백성의 한이 쌓여 조팝나무와 이팝나무꽃으로 왔는가. 때죽나무꽃은 왜 땅만 내려다보고 종소리를 내는지. 산딸나무꽃이 하늘을 향해서만 피는 이유를 알지 못한다. 무수히 내려앉은 사랑의 나비처럼 상여 꽃 같은 이유를, 그 사람 안부를 하늘을 향해 묻는 이유를…. 그 모든 생명의 신비를, 아무것도 모른 채 나도 보랏빛 재스민꽃이 바래어 하얀색이 되듯이 기도하는 나무가 되어 가는가.

5부

가을 소리

그날

– 애한의 땅에서

꽃잎이 소리 없이 머리 위에 맴돌았다. 세상에서 가장 아픈 사연의 이야기처럼. 나는 그만 통곡하고 말았다. 가슴을 꽉 눌렀던 〈수탄장〉 사진이 기어이 터져버렸던가. 아무 거리낌도 없이 한참을 목놓아 울었다.

뒤뚱거리는 봄 걸음을 마중하러 남녘 고흥군으로 갔을 때다. 말만 들었던 소록도는 아름다운 해변공원이 되어서 방문객들의 관광지 역할을 하고 있었다. 물론 현대식 병원이 있긴 하지만 지금은 거의 음성나환자들의 병원이다. 산책길을 따라 섬의 공원 지대를 거닐었다. 공원까지 걸어오는 동안 한센인들의 역사가 사진과 글을 통하여 말하고 있었다. 한쪽 벽면에는 수용되었던 환자들의 초상화가 새겨진 곳도 있었다. 일본식 정원으로 조성된 중앙공원을 산책하는 동안, 아름다운 나무들은 신선한 감동을 주었다. 벚꽃이 피고 있었다.

한센인들이 강제노역으로 벽돌을 생산했던 공장 터의 굴뚝 자리에는 예수의 십자고상이 서 있었다. 저주의 십자가가 구원의 상징이 되었듯이 소록도는 치유의 땅이 되었다는, 소록도 천주교회의 표식이었다. 당시 환자들이 '탄식의 장소'라는 의미로 〈수탄장〉이라 불렀던 곳이었다. 과거 병원에서 감염을 우려하여 환자 자녀들은 직원 지대에 있는 보육소에서 생활하게 하였다. 병사지대의 부모와는 경계지역 도로에서 한 달에 한 번 면회를 허용하였다. 부모와 자녀가 도로 양옆으로 갈라선 채 일정한 거리를 두고 눈으로만 혈육을 만나야 했다. 한센인 부모와 자녀들의 정기면회 모습의 사진이 내 가슴을 무겁게 짓누르고 있었다. 수형 좋은 상록수들 사이에서 화사하게 빛나던 벚나무 꽃가지가 하늘거렸다.

한국전쟁 이후 폐결핵으로 고생하신 우리 어머니. 한동안 요양생활을 하였던 어머니. 마산결핵요양소로 면회 갔을 때 사진이 수탄장의 사진과 겹쳐졌던 순간, 나도 모르게 터져버린 통탄의 눈물이었다. 이제야 엄마의 안타까운 심정이 챙겨지다니! 큰언니가 시집가서 낳은 첫 딸, 내게는 첫 조카였는데 어찌나 예쁘던지, 유년시절의 그 애들은 내 친구였다. 그런데 첫 손녀를 보시고 얼마나 끌어안고 싶었을까. 나도 손주들을 보면 안고 비비대는데 말이다. 그러고 보니 우리 자매들은 엄마와 오랜만에 만나서도 서로 포옹

한 기억이 없는 것 같다. 부모의 입장이 되어 보아야 부모 마음을 안다더니…. 어머니 스스로 조심했다. 오, 애통해라!

9.28 서울 수복 때 아버지 직장 따라 개성으로 올라가서 1.4 후퇴 때 다시 부산으로 내려오는 동안 우리 가족은 빈털터리가 되었다. 그 시절의 고생은 한국인이라면 다 겪어야 했던 고난의 시기가 아니었던가. 부산에 그대로 있었어야 했던 우리의 경우는 괜한 헛고생을 한 것 같아서 두고두고 억울한 탄식을 했다. 그때 어머니는 네 살배기 동생을 업고 막내를 임신한 몸으로 피난 생활을 겪었다. 우여곡절 끝에 맨몸으로 살아남았지만, 어머니는 폐결핵을 얻으셨다. 내 동생은 한창 엄마 손이 필요했던 시기에 엄마와 격리되어 생활했으니. 말할 수 없는 어린 심정이 허약 체질을 만들었는지도 모른다. 동생은 엄마로부터 배워야 했던 여성다움을 익히지 못하고, 애 어른으로 자란 탓으로 살림이 늘 서툴다고 푸념하기 일쑤였다. 나는 공부한다고 늘 객지로 떠도는 사이, 동생은 엄마의 고난을 함께했다.

뒷날 우리 자매들은 어머니가 생활했던 병원을 다시 찾은 적이 있었다. 그날들을 되돌아보고 싶었다. 경남 마산의 아름다운 해변의 산기슭에 자리한 병원은 지금의 소록도처럼 아름다운 공원 마을이었다. 병원으로 가던 고갯길을 넘으면 그곳에도 큰 벚나무가 있었던 것을. 그 때도 피고 졌던 벚꽃이 그날, 소록도 공원에서도 피고 있었다. 소록도의 한센인들의 애한의 눈물인 양, 애끓던 어머니의 사연인지도 모를 꽃잎들이었다. 가족이 거리를 두고 가까이 가지도 못하고 멍하니 쳐다보고 있는 장면이 애절했다. 어여쁜 손주를 한 번도 안아보지도 못했다니! 나는 내 딸이 중학생이 되도록 어루만졌고 지금도 손자들을 보면 먼저 끌어안는 것이 인사인데….

애달프게 유년시절을 보낸 이야기가 평생의 한이 되어 들먹이곤 하더니…. 이제 할머니가 된 동생이 갑상선암으로 병원에서 심한 고통을 겪고 있다. 평생 마음이 자라지 못하여 그때 그 시절의 한을 생의 고비마다 되살리곤 했다. 그런 애한이 알게 모르게 심정 밑바닥에 자리 잡고 있었던가. 한스러웠던 어머니가 떠올라 가슴이 미어진다. 나의 젊은 시절의 아픔에는 자매들의 도움이 약이 되었건만. 젊어서는 사서라도 고생하면 약이 된다더니, 나는 그 약으로 살고 있는데. 모두 할머니가 된 우리는 동생에게 대신해 줄 일이 없다.

생노병사(生老病死) 인간의 길, 누군들 피해갈 수 있겠는가. 시대에 따른 생활환경과 관계의 조건에 따라 각각 다른 양상을 겪을 뿐, 사람은 생활 병고를 겪지 않을 수 없다. 그 또한 제각기 겪어내야 할 생의 한 대목일 것이다.

평생 손에서 놓지 않고 기도를 올렸던 어머니의 하얀 묵주 알이 하늘에 모여서 꽃잎으로 내리는 것인가. 통곡하던 나를 지켜보던 친구도 영문도 모른 채 같이 눈시울을 붉혔다. 서늘한 꽃잎 춤사위의 슬픔이 어느덧 따뜻해지고, 폐허였던 과거 위에 벚나무 꽃가지가 위로의 말을 건네는 듯했다. 우리는 세상에서 가장 아름다운 봄날을 맞이하고 있었다.

* 1960년대 고흥군 소록도에는 한센인들의 수용소가 있었다. 일제강점기에 한센인들은 일본인들의 노예처럼 살기도 하고 치유는커녕 심한 학대만 받았다. 그런 곳에 40여 년간, 평생의 삶을 그들의 간호에 힘썼던 외국의 여자 간호사 자매가 있었다. 오스트리아인 마리안느와 마아가렛 자매였다. 그들은 본국 사람들도 가까이하기 꺼려했던 한센인들, 옛말로 문둥병 환자라고 했던 이들의 고통과 평생을 함께했다. 그들은 더 일을 계속할 힘이 없어지고야 2015년 오스트리아로 돌아갔다. 2017년 8월 18일, 우리나라에서 그들 자매를 노벨평화상 후보로 추천했다는 소식을 보도했다. 이제는 아름답게 늙은 할머니 자매는 그 소식을 듣고, 당연히 해야 할 일을 했다며 그 후보가 되는 것을 사양했다고 한다.

푸른 보석을 가슴에 안고
– 장흥 보림사에서

내려가는 길에 스쳤던 그 꽃 올라가는 길에서 만나네.

대적광전의 비로자나 철불을 다시 볼 수 있어 기쁘다. 보림사는 가지산파 선종의 종찰이다. 말 그대로 국보와 보물을 많이 지니고 있는 산이다. 장중하고 엄숙한 철불은 신라 말에 당나라 유학승들에 의하여 들어온 선종(禪宗)의 영향이지 않을까. 그 뒤 철불은 고려 때에 많이 조형했던 것 같다. 고려의 불교문화가 절정인 시절에 도자기와 불화와 불상들이 많았던 것은 고려인의 예술혼이기도 했다. 지극한 아름다움의 상징인 듯한 고려불화 '물방울 관음도'의 관음보살이 뜻깊게 다가온 장흥이었다. 장흥 하면 늘 보림사(寶林寺)에 가고 싶다. 정남진 리조트에서 하계세미나를 마치고 오전에 장흥의 명소를 둘러보고 올라가는 길이다.

고대 그리스의 예술품은 건축과 조각상 일색이다. 그리스 신화의 주인공들은 반인반수(半人半獸)상이 많다. 신의 형상으로 사람을 빚었다 했으니, 그들의 선진의식은 스스로 신이 되기를 바랐던 것인가. 그들에게 이상화된 청동 영웅상이 많다면 우리에게는 지고의 미를 지닌 금동미륵반가사유상을 비롯한 철불과 수많은 소조불과 석불이 많다. 스스로 절대자가 되는 꿈은 아예 꾸지도 못한 채 그토록 간절한 기원과 예술혼을 불상에 담았던 것인가. 로마시대 이후 중세까지 예수의 성가족 족보가 모든 서양 예술의 모티브가 된 것처럼 동양은 부처가 모든 예술품의 기원이 됐다.

과거에서 지금까지 미(美)의 정의는 생명의 본질에 있었다. 그것은 철학에서 말하는 '진리'가 아닌가. 영원히 변치 않는. 우리는 고대 철학자들이 구축해온 이념의 영향권에서 결코 자유롭지 못하다. 미술의 기준은 좀 다르지만 현재까지 유효한 고대 그리스와 로마 시대에 정해진 카테고리를 벗어나지 못한다.

아름답다는 것은 조화와 비례가 맞아야 한다. 미술에 있어서도 그리스 시대에 정립된 미의 기준이 지금까지 이어져 왔다. 가장 아름다운 몸매라는 남성 체형 '다비드'상과 8등신의 여신상들의 아름다움은 누구도 부정하지 못한다. 신전에 조각된 여신상들이 모두 8등신의 균형미를 자랑한단다. 초현대적 시대의 미의 기준이 오늘날 변화의 물결을 타고 있긴 하지만 여전히 그 시대의 기준은 유효하다.

최고의 예술품은 역시 인간임에 틀림없다. 그리스의 다양한 신상들과 힌두교의 시바신으로부터 부처와 보살과 예수, 헤아릴 수 없는 선지식과 성인들. 세상에 와서 스스로 그런 인간이 되어 원각을 이루어야 하는 명제를 안고 있는 것일까. 그것이 최대의 행복이라고 설파한 것이 석가모니의 수행과 설법의 내용이었다. 다음 생에 더는 육옷을 입지 않기 위하여 수많은 생을 거듭하여 닦아온 뒤 마지막 생에서 모든 원을 이룩한 석가모니. 선업도 업인 바 꼬리에서 꼬리를 문 인간의 업장은 몇 억겁의 세월 동안 되풀이 될까. 56억 7천만 년 동안? 아! 아득하여라. 태양도 사라진다는 시간이 아닌가.

철원의 도피안사의 비로자나 철불은 아담하고 고요하여 여성적인 아름다움이 있다. 국립중앙박물관에 소장된 보원사지 철불은 우람하고 근엄하다. 남원 실상사의 극락전의 철불은 왜군의 침입을 막으려는 의지가 강한 엄격한 부처님이다. 보림사의 철불상은 깊은 고뇌가 서린 듯 엄숙하다. 진리의 아름다움을 상징하는 거룩하고 거룩한 모습이다. 나라가 정한 보물로 우리나라를 대표하는 예술품으로도 추앙받는다. 궁극의 아름다움에 닿기 위해서. 진리의 본체인 법신불을 비로자나불로 형상화하여 고대는 종교의 대상으로 오늘날은 아름다운 예술품으로 우러른다. 진리의 표상으로서 우리의 정신을 일깨우며 영원의 세계로 안내한다.

남원의 실상사와 보림사는 평지 사찰이다. 아마도 선종 사찰이 평지에 선 까닭은 보편적인 깨달음이 세상 속으로 가까이 왔다는 뜻이 아닐까? 보림사는 공포가 아름다운 일주문에서부터 사천왕문과 주 전각까지 일직선으로 통한다. 일주문 앞에서 대적광전 앞의 삼층쌍탑까지 깊숙이 한 눈 안으로 들어온다. 부여 무량사에서도 이런 눈맛을 볼 수 있다. 각각의 건축물의 문이 하나의 통로로 연결되어 대문 밖에서 안채의 속내까지 훤히 보인다. 현묘한 진리를 표현하고 있는 구조인 것 같다.

비자림 속의 차밭까지는 올라갈 수 없음이 한 자락의 여운을 남긴다. 산이 좋으면 물이 좋기 마련이다. 이곳 약수는 맛이 뛰어나다. 불유(佛乳) 그 자체다. 깔끔하고 맑고 산뜻하면서도 깐깐한 느낌. 이 물을 정법으로 끓여서 차를 우리면 정말 좋은 차 맛이 날 게다. 단번에 비자림의 찻잎을 따서 비비고 찻물을 끓인다. 진다(眞茶)와 진수(眞水)의 절묘한 만남. 모양 없는 다관에다 차를 넣고 형체 없는 찻잔에 찻물을 따라서 부처님들께 헌차한 후 돌아선다. 마음으로 올린 차 한 잔.

왜 '물방울 관음도'를 그렸는지 그 뜻이 오묘했다. 물 공원에 조형된 물 한 방울의 의미를 여기서도 새긴다. 관음보살의 음성인 듯, 해산의 말씀인 듯 '물 한 방울의 깨달음'을 되 챙긴다. 강물도 거대한 바다도 물 한 방울이 모여서 이룬 것. 물 한 방울 속에 온갖 생명체의 원형질이 담겨 있지 않은가. 물방울처럼 나무도 사람도 하나씩 모여서 숲을 이루기에, 오늘 다시 물방울을 관음한다. 보살이 그려진 푸른 보석을 가슴에 단다.

가을 소리

뜨거운 맛을 느끼지도 못한 채 올여름이 사라졌다. '코로나 19'에다 긴 장마와 태풍까지 합세하여 여름을 휩쓸고 지나면서 곳곳에 상처를 남겼다. 어느새 저녁 숲속에서는 풀벌레들이 그들의 사연을 이야기하기에 분주하다. 마치 가을 서곡을 연주하는 것 같아서 고즈넉이 그 연주를 즐기며 천천히 걸었다. 진하던 초록 물결도 지친 듯 색이 흩어지고 있다. 들녘도 노란 물이 들기 시작한다.

지평선을 물들이는 금빛 나락 물결은 가을 과실들과 더불어 풍요로움을 준다. 배고파도 배고픈 줄 모른다. 가을 들판을 채색한 황금빛에서는 봄의 개나리에서 느끼는 찬란함은 없다. 그보다는 말할 수 없는 뿌듯함과 넉넉함 뒤에 오는 허기진 마음, 뒤따라올 비움의 또 다른 넉넉함이 기다리는 맛이다. 깊고 고요한 그리움을 불러일으키는 맛. 뜨거운 물만 있으면 자꾸만 우러나는 찻물처럼,

그윽한 그리움의 맛이다.

가을꽃의 정서는 아련하다. 구철초의 빛깔은 하얗지만, 분홍과 보랏빛이 스미는 신비함이 있다. 쑥부쟁이와 벌개미취 빛에는 아릿함이 있다. 구절초는 여인들에게 좋은 약재가 되기도 한다. 그리움이 익으면 신비한 맛을 지니나 보다.

구양자(歐陽子)가 밖의 스산한 바람 소리가 이상해서 동자에게 물었다.

"이게 무슨 소리 인고, 나가서 알아보아라."

"별빛과 달빛이 환히 비치구요, 하늘에는 은하수가 걸려 있어요. 사방에 사람 소리는 도무지 없구요, 숲에서 무슨 소리가 나는데요. 소리는 나뭇가지 사이에 있습니다."

"슬프다. 이것은 가을의 소리니라."

———————————————————————

깊어 가는 가을날의 정취를 어찌 단순한 슬픔으로 말할 수 있으리.

이 순간, 바로 여기에

2022년 시월 어느 날, TV의 다크 투어(Dark Tour) 프로에서 존 래논의 생애를 방송했다. 새삼스레 안타까웠다. 그리고 소리의 전당에서 그의 전시회도 열었었다.

다시 존 래논의 'IMAGINE'을 음미해 본다.

엘비스 프레슬리가 미국의 국보라면 존 레논은 영국의 국보일 만큼 팝 아티스트로서 신화적인 인물이 된 사람이었다. 그 시절, 60년대에 반전운동가로, 사상가로 그는 일본인 부인과 함께 전 유럽을 돌며 열렬하게 베트남 반전운동을 폈다. 그가 얼마나 극단적 사상으로 사람들의 폐부를 흔들었던가를 생각해 보아야 한다. 그래서 인생 정점의 나이에 요절할 수밖에 없었는지도 모른다. 세월이 흘렀지만 아직도 하나의 세계를 꿈꾸는 노래는 강물같이 우리

곁에 여전히 흐르고 있다. 세계 도처에서 오랜 동안 꿈꾸고 노래한 사람들이 있었기에 자신의 삶을 통하여 그런 세상을 만들어 가는 사람들도 늘고 있다. 이제는 노래와 구호만을 내건 것이 아닌 구체적으로 실현해 가는 삶의 현장들이 드러나고 있는 것 같다. 그런 조용한 사랑의 혁명을 추구하는 사람들과 교류하며 마음을 함께 할 수 있었던 세월은 내 생애의 보람이었다.

"Imagine there's no heaven 천국 같은 건 없다고 상상해 봐요 / It's easy if you try 하려고만 하면 그다지 어렵지 않을 거예요 / No hell below us 지옥이 우리 발밑에 있는 것도 아니고 / Above us only sky 우리의 머리 위에는 단지 빈 하늘만 펼쳐 있을 뿐 / Imagine all the people living for today ahaa – 모든 사람들이 오늘의 삶을 충실하게 사는 걸 꿈꿔보세요"

"상상해봐요. 사랑과 평화가 넘치는 세계를!"

천국이 없다고 상상하는 것은 어렵지 않다. 내일을 위해 기도만 하면 지옥에 가지 않을 것이라고 두려워하지 않고, 천국에 가려고 기도하는 시간도 없이, 단지 머리 위에 파란 하늘만 있고 오늘만을 위해 살고 있는 모습을 상상할 수 있다. 진리는 지금 이 순간뿐, 삶도 지금 이 순간을 남김없이 사는 것이라면 그것이 종교가 아닐까. 금강경에서 그랬던가? 이름이 마음일 뿐 과거심(過去心) 불가득(不可得), 현재심(現在心) 불가득(不可得), 미래심(未來心) 불가득(不可得)이라 했다. 지나간 일들과 아직 오지 않은 내일의 일을 걱정만 하다 보내는 오늘이기에 슬픔과 괴로움, 혼란의 연속이 되고 있지 않을까. 지금 이 순간 바로 여기가 천국이 될 수 있다면 종교분쟁이나 전쟁도 없을 것이다.

"Imagine all the people / Living life in peace…
세상 사람들이 모두 평화 속에 살아가는 걸 꿈꿔보세요"

오늘뿐인 삶을 최선으로 살 수 있다면 그 자체가 평화이며 행복이련만, 왜 그리 되지 못할까. 모든 생명들은 깊은 평화에서 나왔을 것이다. 그런데도 평화의 원천에 대한 혼란이 많았다. 아무리 화가 난 사람이라도 원하는 것은 평화일 것이다. 평화를 위하여 투쟁을 하고 전쟁을 한다면 그 결과는 어떤 행동으로 나타날지 쉽게 상상할 수 있을 것이다. 우리는 평화의 원천에서 나왔으므로 평화를 재창조하는 것도 우리들이어야 한다. 내가 평화롭고 싶지 않다거나 평화로워지지 않고서는 남에게 평화를 줄 수도 없으리라. 그래서 더더욱 '이매진'을 간절하게 노래하고 싶다. "모든 사람이 평화 속에 살고 있다고 상상해 봐요." 이 대목에서 '유후! ~…….' 하

며 길게 울리는 고조된 음색이 나의 가슴 속 깊은 곳을 뭔가 가득 차오르게 한다. '상상해봐요'

"You may say I'm a dreamer 나를 몽상가라고 하겠지요 / But I'm not the only one 하지만 나만 이런 꿈을 꾸는 게 아니랍니다 / I hope someday you'll join us 그대 언젠가 우리와 함께 하길 바래요 / And the world will be one 그러면 우리의 세상은 하나가 될 거예요."

바로 이거야

아직도 정열적인 아름다운 여인. 70세의 나이가 의심스러웠다. 지난 2003년 6월 20일 존 래논의 부인인 오노 요코가 처음으로 한국을 방문하였다. 전위 예술가인 그녀의 회고 작품전을 위해서였다. 오노 요코는 분단의 운명을 살고 있는 한국의 여성을 만나 보고 싶어 했다. "예술은 건강한 컴뮤니케이션을 위한 유일한 방법입니다. 세상을 향해 마음의 문을 여십시오."라고 말했다. 존 래논이 살아 있을 당시 오노 요코는 존 래논과 함께 평화를 위한 일련의 일을 펼쳐나갔다. 그 후로 그녀는 예술과 일상의 범위를 확대하고 모든 관심사를 평화와 반전(反戰)에 집중하였다. 'IMAGINE'을 탄생시킨 주인공이라는 이유 하나만으로도 그녀의 전시회에 가보고 싶었다. 마치 존 래논을 만나는 기분이 될 것 같았다. 아니 하나인 세상을 볼 수 있을 것만 같은 설렘이 있었다. 그리워하던 사람을 만나러 가는 느낌으로 말이다. 그녀의 고독한 예술작업의 과정이 상상되어 가슴이 찡했다.

40여 년 전, 오노 요코와 존 래논의 사랑은 세기적인 것이었다. 비틀즈를 탈퇴하고 잠시 실의에 빠졌던 존에게 오노는 새로운 음악 환경 속에서 음악적 영감을 제공했다. 래논은 그것이 자신의 음악이 나아갈 방향이었다고 했다. 존 래논의 아내로 그의 그늘 아래서 너무나 유명했지만 무명한 작가로 평생을 살았던 오노 요코. 그러나 그녀는 존 래논을 통해 최고의 작품을 세상에 선보였다. 존 래논과 그녀의 혼이 담긴 평화의 노래인 'IMAGINE'을.

그들의 사랑이 인류를 위한 사랑으로 승화된 노래의 마지막 소절을 불러본다. 언젠가 존 래논이 이야기하길 '이메진'은 이 세상에 중요한 의미가 될 것이라고 했다. "바로 이거야!" 라고 말하는 것처럼 세상을 바꿀 것이라고 확신했다고 한다.

"아무도 소유하지 않는다고 상상해 봐요 Imagine no possesions / 그대, 할 수 있을지 모르겠지만 I wonder if you can / 탐욕도 없고, 배고픔도 없는 No need for greed or hunger / 인류의 형제애가 가득한 A brotherhood of man / 모든 사람들이 함께 나누는 이 세상을 Imagine all the people / Sharing all the world... you"

“상상해봐요.” 내 것과 네 것의 경계가 없는 세계를.”

소유하지 않는다는 것을 상상해본다. 존 래논 부부가 그랬던 것처럼……. 지구를 100명의 축소된 마을로 생각해 본다면 지금도 20명은 영양실조이고, 1명은 굶어죽기 직전이며, 그러나 15명은 비만이라 한다. 그리고 이 마을의 모든 부(富) 중 6명이 59%를 가졌고 그들은 모두 미국 사람이란다. 74명이 39%를 20명이 겨우 2%만 나눠가졌단다. 우리나라의 많은 사람들도 그 74명중에 들어 있을 것 같다. 그래서 오히려 삶의 방향을 잃을 수도 있을 것 같다.

생활고로 인하여 가족이 동반 자살한다는 소식을 심심찮게 듣는다. ‘얻어먹을 힘만 있어도 주님의 은총’이란 말이 무색하다. 고귀한 생명을 그렇게 헌신짝같이 버릴 수 있는 용기를 펼쳐볼 수 없을 만큼 우리 사회가 비정한 것일까? 슬픈 일이다.

인간의 갈등과 전쟁의 역사도 이 소유의식에서 비롯되는 것이 아닐까. 실제로 두 손안에 쥐고 있는 것도 아니면서 가짐의 마음에서 헤어나지 못한다. 옛날에 어느 분으로부터 들은 말이 생각난다. 소유란 부자들에게 만 해당되는 것은 아니라고. 거지가 밥을 빌어먹는 깡통 하나라도 내 것이라고 주장하는 한 소유의식에서는 자유롭지 않다는 것이다. 내 것과 네 것의 경계가 있다면 말이다. 소유란 우리를 둘러싸고 있는 물질에 국한된 것만은 아닐 것이다. ‘나’라는 에고(Ego)에서 벗어나지 못한다면 인간은 영원한 나락에서 헤맬지도 모른다.

결혼하여 가정을 이루어 부모가 된다는 것이 얼마나 어려운 일인지를 많은 혼란을 겪은 후에야 알았다. 남녀의 차이를 모르고 적과 동지를 오가며 부부간의 갈등으로 감정을 소모했던 시간이 있었다. 또 아이들을 키우며 내 아이부터 먼저 보는 욕심과 내 틀에 맞는 아이이기를 얼마나 원했던가. '나'라고 하는 것까지도 내 마음대로만 할 수 없는 존재였던 것이다. 이 모두가 소유의식에서 비롯된다는 것을 한참 후에야 깨달았다. 한국전쟁의 수난과 인류역사를 점철하고 있는 전쟁의 씨앗도 우리의 바깥에 있는 것만은 아닌 것 같다. 모두 '나'란 에고에서 시작된다는 것을 철저하게 인식하지 못하기 때문이지 않을까.

수많은 사람들이 열렬하게 불렀을 '이메진'의 후렴에서는 나도 맘껏 상상의 나래를 펼쳐본다. 한 사람이 꿈을 꾸면 꿈으로 끝날지 모르지만, 만인이 꿈을 꾸면 얼마든지 현실로 가꿔낼 수 있다고 했다. 선명한 그림을 가지고 꿈꾸는 사람이 아직 모자라는가 보다. 오로지 순수하고 간절한 꿈이 아니어서 일까? '상상해봐요'.

섬진강 물 길 따라

섬진강은 우리나라 4대강의 하나로 멀리 진안에서 발원하여 임실, 순창을 거치고 곡성 옥과 천과 합류하고 남원에서 내려오는 요천수와 합류하며, 오곡면 압록리에서 보성강과 또다시 합류하여 구례와 하동을 거쳐 남해로 흐르게 된다. 하동까지 80리 벚꽃 길로 유명하다.

임실 화성리는 시댁 고향이고 산소도 있기에 우리 가족은 일 년에 한두 번은 다니는 곳이다. 옥정호를 따라 순창 장군목까지 이어지는 물길을 따라나섰다. 작년과 달리 올 춘삼월은 꽃샘추위의 기복이 심하여 지난해 3월 20일에 만개했던 전주 경기전의 고매가 25일이 되어서야 몇 송이 트기 시작하였다. 오늘도 마지막 꽃샘추위인지라 바람이 많이 불어 추웠다. 그래도 섬진강 주변에는 매화가 만발하는 꽃길이 많아서 꽃바람이 상쾌하였다.

진안 백운면에서 발원한 섬진강물이 여러 천을 거쳐 관촌 사선대에 모였다가 다시 흘러온 물은 임실 옥정호에서 모여서 주변의 경관을 아름답게 만든다. 사선대를 지나면서는 장군목 유원지로 흐르는 물이 신평면을 거치게 된다. 여기는 임실 지방이 고대부터 얼마나 살기 좋은 곳이었는지를 증명할 만한 불교 유적이 있다. 대형 석등을 지닌 진구사지(珍丘寺址)다.

외롭게 보이긴 하지만 우람한 석등의 위용이 빈 들판을 품고 있다. 임실군 신평면 용암리, 보물 제267호인 석등 하나만 덩그러니 서 있는 진구사지다. 통일신라시대 후기의 유행이었던 고복 형 석등이다. 석등은 불을 밝혀두는 화사석을 중심으로 아래에는 3단의 받침을 두고 위로는 지붕돌을 올리고 있다. 우리나라 석등 중에서 두 번째로 큰 것이다. 구례 화엄사 각황전 앞의 석등이 우리나라 석등 중에 가장 크지만, 이 석등의 조각도 화려하고 아름답다. 아름답기로는 남원 실상사의 석등이 아담하고 빼어나다. 이 석등도 그에 못지않다. 이렇게 크고 아름다운 석등이 있는 거로 보아 이 절의 사세(寺勢)도 상당히 크고 넓었던 것 같다. 이전 시대의 석등, 불국사 대웅전 앞, 부석사 석등은 간결하고 날씬한 아름다움이 있다. 이때 와서 비대한 장고형이 나온 것도 시대적 특징이었다.

이곳에 오면 반드시 기단석의 한 모퉁이에 걸터앉아 햇살을 받는다. 화사석의 팔각마다 열린 화창에서 진리의 법등을 밝혔던 그 시절을 그려본다. 어디선가 풍경소리가 한줄기의 바람에 실려 오는 것 같다. 주위를 둘러본다. 그리 높지 않은 산기슭에 자리한 이 진구사지는 적당한 거리를 두고 산이 사방으로 둘러져 있어 마치 꽃송이가 활짝 열린 형세다. 연꽃 속의 심청이 마냥 나는 그 가운데 포근히 앉기도 한다.

석등이 있는 곳 뒤로 돌계단이 있다. 이끼 낀 옛 돌 그대로이고 한쪽을 새로 보수하여 온전한 계단이 되었다. 여덟 계단을 오르면 넓은 터에 부서진 탑 자재만 모퉁이에 열기설기 포개어져 있다. 5층 석탑 정도는 되지 싶다. 대웅전이나 본전 자리 앞에 그 석탑이 놓였을 것이다. 본래 여기에는 비로자나불 좌상불상이 있었는데 얼마동안 없어졌다가 다시 제자리를 찾아 전각에 앉혀 있다. 예배를 드리고 시줏돈을 놓기도 한다.

주변의 마을 집들은 그 당시는 모두 절집의 부속 건물 자리였지 않았을까. 깊은 산골도 아니지만, 그리 높지 않은 산들이 겹쳐진 가운데여서 아늑한 마을을 이루었다. 예부터 임실은 섬진강을 끼고 있어 물산이 풍부하여 살기 좋은 곳이었다지 않은가. 이 절에서 얼마나 많은 진리의 말씀이 퍼져 나갔을까. 많은 사부대중이 모여서 화창에 불을 밝히고 법회를 열던 시절의 웅성거림, 예불을 알리는 목탁 소리, 스님들의 독경 소리가 여기저기서 환으로 들리는 것 같다. 옛 영화는 사라졌지만, 법음과 진리의 빛은 어떤 모습으로 다시 나타나고 있지 싶다. 폐허에 남아 있는 것은 무엇이기에 현대에서 찾지 못하는 갈증 같은 그 무엇을 이런 빈 절터에서 그리는 걸까.

풍경 소리 같은 바람결을 타고 다시 흐르는 물길을 따라간다. 최근에는 옥정호에 순창으로 이어지는 현수교를 설치하여 풍경도 아름답고 편리한 교통망을 제공한다. 옥정호반의 둘레길은 정읍까지 이어지는 벚꽃 길로 '우리나라 100대 아름다운 길'에도 선정된 길이다. 봄철 벚꽃이 휘날릴 때면 반드시 한 번은 드라이브를 한다. 풍경 좋은 곳에 카페나 식당이 차지하고 있어 망중한을 즐길 수 있다. 우리 가족도 모이면 이 근방으로 소풍을 오곤 한다.

그리고 다시 강진 쪽으로 향한다. 옥정호 대교에서 오른쪽 건너편 언덕에 있는 마암분교를 바라보고 굽이굽이 돌아갈 수 있다. 덕치면의 회문산자연휴양지 안내판이 보이는 곳에서 반대 길로 접어들어 가니 김용택 시인의 구가가 있는 마을, 신촌 마을에 닿는다.

시인의 구가(舊家)는 관광객들의 쉼터로 제공하고 있다. 시인의 옛 서재에는 '觀瀾軒'이란 현판이 걸려 있다. '흐르는 물결을 보는 집'이란 해석이다. 글씨체는 왕희지 글자를 집자 한 것이다. '관란헌'이란 이름은 퇴계 이황의 집과 강원도 어느 집에서도 볼 수 있는 이름이다. 퇴계 선생도 안동 청량산 아래 강물을 사랑하였으니 그럴 만했으리라. 집 마당에서 내려다보면 옥정호에서 한숨 돌린 후 굽이굽이 돌아온 강 물결을 바라볼 수 있다. 집 앞에는 거대한 느티나무 두 그루가 시원한 그늘을 만들고 있어 이곳 근방으로 산책을 나오면 여기서 잠시 흐르는 물결을 바라보며 마을의 정서에 젖었다가 가기도 하는 곳이다. 신촌마을은 임진란 때 생긴 마을이다. 나주와 남원에서 온 피난민에 의해서 마을이 형성되었단다. 느티나무가 마을을 지키며 당산나무 역할을 해왔다. 가난했던 마을을 편안하게 보듬어 왔다. 정자나무들은 마을에서 일어난 많은 일을 성사시켜온 산 증인이었다. 시인이 방문을 열 때마다 느티나무가 보였고 같이 자랐다고 했다. 땅도 고르지 못해서 규격이 여러 질인 논배미는 이름도 다양했단다. 버선배미, 장구배미, 삿갓배미 등등….

섬진강에는 바위가 많았단다. 고기도 많았다. 마을 사람들은 봄•여름•가을•겨울 내내 고기 잡은 이야기로 마을의 풍경을 만들기도 했다. 겨울에도 돌 밑에는 고기들이 많았다. 큰 돌을 때려서 고기를 잡으려면 상처 없는 돌이 없었다. 그 돌들이 물결에 씻기고 흘러내려 가다가 곡성에 와서 피아골에서 내려온 물을 만날 때쯤에는 자갈이 된단다.

신촌마을에서 천담 가는 길은 참으로 아름답다. 아직 포장되지 않았으나 자동차가 다닐 만하다. 가끔은 〈천담 가는 길〉이란 시를 이정표 마냥 읽고 여기서부터 천담까지 걷기도 한다.

옥정호에서 모인 섬진강물은 천담 마을을 거쳐 구담 마을에 오면 산기슭을 크게 한 번 휘돌아야 한다. 구담 마을 높은 곳에서 아래로 내려다보이는 강물을 보라, 여기는 산 중턱에 정자가 하나 세워져 있고 오랜 세월 마을을 지켜온 정자나무들이 함께 담소를 나누듯이 모여 있는 넓은 전망대가 있다. 주변에 나무 테크를 설치해 놓았다. '영화의 고장' 〈아름다운 시절〉 촬영지의 기념비가 세워져 있다. 때로는 여기 나무들과 지난 회포를 풀고 노을이 질 때까지 쉬기도 하는 곳이다. 강들이 문명의 발길에 의하여 짓밟혀 위기를 맞고 있지만, 아직 섬진강은 살아 있다.

동고서저(東高西低), 동철서염(東鐵西鹽)

– 전북을 말한다

봄바람이 어지러웠지만, 햇볕이 좋았다. 산책하러 나가려는데 마침 지인 한 분이 집 근처까지 왔다. '코로나19'로 인하여 사람 많은 곳으로는 가지 않아야 하므로 한벽루를 지나서 뒷산 쪽으로 올라갔다. 군경묘지를 지나서 차가 올라가는 곳까지 올라갔다. 바로 동고산성 서문지 앞이었다. 산 정상까지는 수월하게 올라갈 수 있었다. 매화와 산수유, 벚꽃까지 피어서 봄 향기는 말없이 발길 따라 흘렀다. 산 정상에 오르니 소나무 그늘이 드리워진 공원 쉼터가 있었다. 동고산성의 안내판이 있었다. 산성을 전부 돌아볼 수는 없어도 이 산성이 후백제의 견훤이 도성을 방어하는 산성으로 보수 축조했다는 것을 말하고 있다. 지금은 산성 둘레길이 닦여 있어서 시민의 산책길이 되었다. 내게는 신천지를 발견하는 것 같았다. 주변을 둘러보고 몇 군데 건물지를 발견하여 전주를 비롯한 전북지방을 다시 생각했다.

전라북도의 중심인 전주가 왕도 천년이라고 하는 것은 후백제의 견훤왕이 도읍을 정한 데서 연유한다. 건물지의 주춧돌이나 규모로 보아서 상당히 큰 건물들이었음을 알 수 있다. 옛 성터가 시민들의 휴식처가 되었으니 옛 왕조의 꿈이 이루어진 것인가. 조선조에 와서 전주가 전라도와 제주를 관할하는 수부로서 관찰사가 거주한 공간이지 않은가. 전주는 천 년 전통의 향기가 쟁여져 우러나오는 곳이었다.

전북을 말하자면 동고서저(東高西低), 동철서염(東鐵西鹽)이라고 말한다. 동쪽은 무진장하게 높은 지대, 무주, 진안, 장수가 천혜의 자연을 지니고 있다. 진안의 마이산은 전 국민이 한 번은 꼭 다녀와 봐야 할 곳이며, 무주는 국립태권도원과 반디랜드, 와인 동굴이 있다. 산간지방으로 들어가는 주변 경관이 오늘날에는 휴양지로 손꼽힐 만하다. 장수에는 섬진강의 발원지인 데미샘이 있고 금강의 발원지인 뜬봉샘이 있다. 또한 옛 가야유적이 새롭게 발굴되어 철의 나라 봉수왕국 전북 가야를 증명하는 철 생산지가 무척 많다는 것을 알리고 있다, 산성과 왕족의 무덤으로 보이는 고분군이 발굴되어 전북 가야에 대한 새로운 인식을 하게 되었다.

서쪽은 해안 지대여서 과거에는 해산물 뿐 아니라, 소금을 채취할 수 있는 요지였으니 주목할 곳이었다. 후백제부터 고군산군도로 중국의 월나라와 교역하였으며 바닷길로 중국과 일본을 연결하는 곳이었다. 부안 격포의 죽막동 유적은 우리나라 최초이자 현존 유일의 백제 시대 바다 제사유적임을 알리게 되었다. 죽막동 제사유적에서 나온 유물들은 가야시대부터 삼국시대까지 중국과 일본과의 교역을 나타내고 있다. 이 유적은 1992년 서해 바다를 지키는 여신 개양할미를 모신 '수성당' 주변 해안초소를 보수하는 과정에서 발견되었다. 국립전주박물관에서 발굴 조사한 결과 이곳이 백제 시대 이래로 바다 신에게 제사를 지내왔던 곳임이 확인되었다. 백제라는 이름에서 알 수 있듯이 '건너다' 또는 '나루터'라는 뜻대로 해양 국가로 성장한 사실을 잘 나타내고 있다. 이 유적의 유물들은 현재 국립전주박물관에 전시하고 있다.

부안군에서 군산시와 고군산군도를 연결하는 새만금방조제가 바다 위에 길을 냈다. 길이가 33.9km로 세계에서 가장 긴 방조체로 알려져 있다. 행정구역상 간척지 면적은 군산시가 대부분이지만, 부안군과 김제시도 일부 차지하고 있다. 방조제의 중간에서 신시도로 나아가면 고군산군도의 각 섬으로 연결하는 연육교가 이어져 있다. 선유도는 선사시대부터 고려시대까지 해양문물교류의 허브였다. 송나라의 국신사(國信使)를 영접하는 행사가 이루어진 곳이었다. 송나라 사신 서긍이 고려를 방문한 뒤 〈고려도경〉을 남겼다. 망주봉 주변에는 왕의 임시 거처인 숭산행궁(崧山行宮)과 사신을 맞이하던 군산정(君山亭), 바다 신에게 제사 드리던 오룡묘(五龍廟)와 사찰과 객관 등이 조사되었다. 현대에 와서 고군산군도는 각 섬마다 둘레길이 조성되어 전북 관광일번지가 되었다.

서쪽의 고창권도 주목한다. 고창읍성과 고인돌박물관에서 청동기시대 생활상을 둘러볼 수가 있다. 한 번도 숲의 훼손이 없었던 아름다운 선운산 숲에 자리한 선운사와 전설의 마애불까지 계곡이 아름답기로 유명하다. 가을 초입이면 꽃무릇이 숲속에 붉은 양탄자를 깐 듯하다.

익산과 완주권은 문화유적의 보고다. 최근에 익산의 미륵사지에는 국립미륵사지박물관을 개관하였다. 미륵사지 석탑은 탑의 조성이 나무에서 석탑으로 변환한 최초의 탑으로서 비록 반쪽만 남았어도 돌을 가지고 나무로 엮은 듯한 석조 기법을 나타내어 아름답다. 2019년 4월에 복원 완성하여 새 단장을 마쳤다. 미륵사지와 왕궁리 오층석탑은 세계문화유산으로 지정받았다. 완주에는 대둔산이 있고 대둔산 태고사 가는 길의 단풍이 아름답고 유서 깊은 안심사가 있다. 불명산 완주화암사는 백제식 하앙식 공포를 지녔다 해서 건축학적으로 의미가 있으며 청정 지역이어서 사계절 숨은 비경을 담고 있다. 완주의 대아수목원과 고산 자연휴양림은 말 그대로 수목이 아름답고 자연 생태를 관찰할 수 있는 곳이다. 특히 여름철 휴가를 즐기기에 알맞은 곳이다.

임실, 정읍, 순창권으로 치자면, 임실의 진구사는 우리나라에서 두 번째로 큰 석등이 자리 잡고 있어 그 옛날의 불교의 영화를 말해준다. 옥정호는 임실군 강진면과 정읍시 산내면에 걸쳐 있는 호수이다. 섬진강 다목적댐을 건설하면서 운암면의 가옥 300여 호와 경지면적 70%가 수몰하여 고향을 잃은 수몰민의 애환도 서린 곳이기도 하다. 지금의 옥정호는 붕어섬을 끼고 일주하는 벚꽃길이 '한국의 아름다운 길 100선' 중 우수상에 지정되어 드라이브 코스로도 명품 길이다. 국사봉 전망대는 일출 장소로 유명하다. 붕어섬을 덮은 옥정호의 물안개와 운해 속에 솟는 일출 장면을 연출한다. 정읍의 내장사 단풍은 말하지 않아도 전국에 알려진 곳이며 순창 또한 숨겨진 풍경을 자랑하는 강천산과 장군목유원지가 있다. 특히 고추장을 사기 위하여 우리 자매들이 이년에 한 번꼴로 찾아 고추장 마을의 밥을 먹으며 회포를 푼다.

전북은 고대로부터 문화와 먹거리가 풍부한 곳으로 주목하였던 고장이다. 동쪽은 산지에서 나는 각종 뿌리채소와 나물이 생산되었고 서해안은 해산물이 풍부하였다. 그리하여 전주비빔밥은 콩나물국밥과 오모가리탕과 더불어 전주 음식의 대표가 되었다. 전주시와 남원시는 현대에도 가장 살기 좋은 곳으로 손꼽는다. 전주시는 최근에 '한국관광거점도시'로 지정받았다.

봄의 절정인 4월이 되면, 장수의 데미샘에서 솟은 물이 흘러 섬진강의 긴 물길을 만드는 도정에 자리한 남원으로 간다. 정유재란에 희생된 시민의 무덤인 만인의총(萬人義塚)을 참배하고, 그 어느 곳보다 먼저 요천강을 낀 광한루에서 춘향이와 놀아야 한다. 요천강물과 어우러진 벚꽃 길에서 노을이 지도록 꽃눈을 맞으며 지친 발걸음은 추어탕 집으로 이어진다. 지리산권에 속한 남원은 시 전체가 박물관이 아닌가. 남원에서 지리산으로 들어 뱀사골을 지나고 성삼재를 돌다보면 전통이 깊은 사찰을 순례할 수도 있고, 섬진강 길을 따라 하동까지 이어지는 벚꽃 구름 속을 드라이브스루도 할 수 있다.

완주 고을의 오로지 오롯한 구국정신

(전북의 얼, 애국지사의 발자취를 따라 걷다)

비비정에 올라

삼례의 비비정에 올라 강변 들녘을 내려다보며 애국정신으로 나라를 지켰던 선열들의 자취를 생각해본다. 2020년은 한국 독립운동사에서 아주 중요한 해이기 때문이다.

만주에서 제국 일본군을 대상으로 승리를 거둔 '봉오동 전투'와 청산리 대첩' 100주년이 되는 해이다. 6·25전쟁 70주년을 맞이한 보훈의 달 유월이기도 하다. 초록이 무성하여 싱그러운 계절 덩쿨장미 빛보다 붉은 젊은 피를 토하며 사라져 간 영령들이었다.

풍경도 역사의 변천에 따라 많이 변했다. 예전에는 큰 도로가 나기 전이어서 멀리서부터 농노를 따라 걸어 들어왔고 예부터 일러왔던 비비낙안을 상상할 수도 있었다. 그러나 지금은 샛강 가에

야생화 꽃밭을 만들어 둑을 따라 비비정까지 걸을 수도 있게 되었다. 비비정 바로 근처에 주차장까지 생겨서 편리해졌다고나 할까.

비비정에서 만경강을 따라 한내의 보리밭에 내려앉은 기러기 떼가 인기척에 놀라 비상하는 모습을 옛사람들은 비비낙안(飛飛落雁)이라 일렀다. 호남의 명산 모악산에서 발원한 삼천과 호남정맥 슬치에서 발원한 전주천이 동상면 밤샘에서 발원한 고산천과 모여서 만경강의 본류를 이루는 곳이 바로 삼례 한내였다. 삼례는 한양에서 충청도를 지나 호남으로 통하는 교통의 요충지이자 충무공 이순신이 백의종군을 했던 길목이었다. 독립운동의 마중물이 되었던 동학의 농민군이 서울로 진격한 장소이기도 하다.

조선 시대 호남의 최대 역창이 있었던 삼례는 전국 9대 간선도로 중 삼남대로 (한양– 삼례 – 통영)의 분기점이자 13개 역을 총괄했던 도찰방이 있었다. 교육, 통신, 교역, 숙박, 문화의 중심지였기 때문이다. 일제강점기에는 국도 1호선과 전라선 철도 중심지인 삼례역을 통해 만경강 일대의 쌀이 집산되어 군산항으로 운송되었다. 농산물 수탈의 아픈 역사가 있었다. 새만금 방조제를 쌓기 전에는 바닷물이 만경강 지류를 타고 삼례 비비정까지 배가 들어왔다. 삼례는 일제강점기와 해방 이후 농업 중심지로서 사람이 모여드는 전성기를 맞았다. 1967년 읍으로 승격돼 지역경제가 활성 될 때는 대지주도 많았다. 근대화 과정에서 삼례는 도시경쟁력에서 밀려 초라한 도시로 변모해가며 삼례는 완주군의 변방으로 밀리는 신세가 되었다.

조국 사랑의 씨앗

–김춘배

오늘은 완주의 곳곳에 자리하고 있는 독립운동의 발자취를 찾아보려고 한다.

완주군은 일제의 수탈 역사를 간직한 채 버려진 도심의 흉물이 된 양곡창고를 삼례문화예술촌으로 조성해서 예술적 공간으로 탈바꿈시켰다. 비비정마을의 환경도 개선했다, 만경강 철교는 일본의 미츠비시사가 익산군에 세운 동산농장이 만경평야의 농산물을 반출하기 위해서 세운 교량이었다. 현재는 폐쇄되어 관광객을 위한 예술 열차로 개조하여 운행한다. 대신에 2011년에 전라선 복선전철을 개통했다.

삼례는 일제의 양곡 수탈로 이 지방을 지키려는 독립군의 자취가 남아 있는 곳이다. 삼례교회 첫 신자인 김헌식의 아들 김창언과 그 손자 김성배, 김춘배, 김형배 등은 일제의 수탈로 인한 빈곤을 피해서 만주로 이주하였다. 1909년 일제는 '남한대토벌작전'으로 의병들을 대대적으로 탄압하기에 이른다. 그 과정에서 전라도 의병이 상당 부분 학살되거나 강제노역을 당한다. 체포된 의병의 강제노력으로 만들어진 농산물 반출의 목적으로 세운 만경철교였다. 또한 일제는 식량의 자급화를 목적으로 군산항을 개항하면서 1908년 군산-전주간 도로를 포장한다. 호남평야의 비옥한 초지에서 생산되는 미곡을 수탈하기 위함이었다. 1910년 전후 일제의 한반도 침략이 노골화되면서 식민지 경제재편은 한인들의 만주 이주를 가속하였다. 전라북도 곡창지대는 일본제국주의 입장에서는 수탈의 핵심지였다.

김춘배를 비롯해 만주로 이주 50여 명에 이르는 삼례인들은 만주에서 구국의 일념으로 독립운동에 가담하였다. 이들의 대표 역할이었던 김춘배는 감시의 눈을 피하고자 이명(異名)으로 여러 번 이름을 바꾸기도 하였다. 치열하게 가꾸며 지켜야 했던 삼례 마을을 되찾기 위해서 풀뿌리 정신을 잃지 않았다. 1927년 2월 중국 길림성(吉林省) 돈화현(敦化縣)에 근거를 두고 활동하던 독립운동 단체인 정의부(正義府) 부대에 가담하여 권총 2정과 실탄 17발로 무장한 뒤 6차에 걸쳐 자산가를 역방하며 무장 항일운동을 위한 군자금을 모집하다가 간도에 주재하고 있던 일본 영사관 소속의 일경에게 피체되었다. 이에 청진지방법원에서 징역 6년형을 언도받고 청진감옥에서 옥고를 치르던 중 1928년 7월 탈출을 시도하여 성공하였으나 재차 피체됨으로써 징역 1년 10개월이란 기간이 가중되어 모두 8년의 옥고를 치르고 1934년 5월에야 출옥하였다.

뿌리가 살아 있는 한 아무리 세찬 바람에도 쓰러지지 않는 풀과 같이 김춘배의 구국정신은 바람보다 먼저 일어나는 풀과 같이 다시 일어났다. 출옥한 뒤에도 함남 북청군(北靑郡) 양북면(陽北面) 신창(新昌)에 소재한 경찰주재소의 무기고를 단신으로 공격하여 파괴하고, 권총 2정과 실탄 100발 및 장총 6정과 동 실탄 600발을 탈취한 후, 일경 자경단원(自警團員) 등 2만여 명이 동원된 일제의 포위망을 피해 일인 순사부장(巡査部長)을 비롯한 2명에게 총상을 입히는 등 맹렬한 활동을 펴다가 19일이 지난 1934년 10월 22일 서울로 향하는 열차에서 일경에게 피체되었다. 고향 마을을 되찾을 일념으로 독립의 의지는 막을 수가 없었지만, 안타깝게도 그의 활동은 거기에서 중단되고 말았다. 그러나 그의 정신은 지금까지 살아 조국 사랑의 씨앗이 되었다.

그는 1934년 11월 26일 함흥지방법원에서 소위 주거침입과 절도 · 강도 · 살인미수 그리고 공무집행방해죄 등으로 무기징역을 언도받고 동년 12월 초에 경성복심법원에 공소를 제기하였다가 취하하고 서대문 형무소에서 옥고를 치렀다. 정부에서는 고인의 공훈을 기리어 1990년에 건국훈장 독립장을 추서하였다.

김춘배를 비롯한 삼례인들의 출신지인 삼례제일교회를 찾았지만, 문이 닫혀 있었다. 교회 문 앞에서 그들의 치열했던 구국정신을 생각하니 숙연해져서 가만히 앉아 잠시 묵념에 젖었다.

김춘배를 비롯한 독립운동의 정신을 고취하기 위하여 삼례예술촌에서는 삼례정신을 되찾아 기리기 위한 학술대회를 가졌다. 그들이 일심전력의 구국정신을 키웠던 양곡창고와 양곡수탈 중심지의 현장이었던 삼례예술촌, 마땅히 찾아야 할 삼례정신의 중심에 김춘배 일행의 독립의지와 구국정신이 있었던 것이다.

3.1 운동의 뿌리라고 할 수 있는 동학농민혁명의 2차 집결지가 삼례였다. 신금리에는 동학농민혁명의 삼례봉기역사광장이 조성되어 있어 이 고장과 나라를 지키려 했던 혁명군과 독립군들의 충정을 기억할 수 있게 한다. '기억되지 않는 역사는 반복된다.'는 말처럼 이 지방에서 일제의 수탈에 맞서 싸웠던 선열들의 정신을 기려야 하리라.

고산면 삼기리에 백현서원을 찾아보기로 한다. 큰 도로 아래의 옛길로 들어갔다. 백현서원은 1866년 서원철폐령에 의해 훼철되었다가 1903년 다시 세웠다는데, 1941년 임윤성의 위패를 천곡사로 옮기고, 현재는 정묘호란 때 호남과 영남을 끼고 청군에 대항하여 싸울 것을 주장한 9명의 위패만이 봉안되어 있다고 한다.

백현서원은 높은 언덕에 있었다. 바로 옆에 슬라브 인가 한 채가 있었다. 개 3마리가 컹컹 짖었지만, 나는 막대기를 들고 그들을 제지하고 서원 대문 앞으로 올랐다. 안타깝게도 대문은 굳게 닫혔고 튼튼한 흙담 너머로 팔작지붕을 인 한옥 한 채만 굽어다 보았다. 정안당(靜安堂)이란 현판이 걸려 있었다. 몹시 낡았으며 문짝의 창호지도 너무나 피로에 지친 듯, 사람의 손길이 아쉽게 느껴져서 미안한 마음을 안고 돌아섰다.

완주군 비봉면에 있는 '일문구의사사적비'를 찾아가는 길.

"수려한 금수강산 천호산 아래/ 흐르는 시냇물에 꿈을 싣고/ 찬란하게 빛나거라

비봉의 샛별/ 빛나거라 비봉학교/ 배움의 동산.

내 나라 겨레 위해 힘써 배우고/ 모두 다 한 맘으로 굳게 뭉치자."

비봉초등학교 교가에 비봉면의 경치와 정신이 담겨 있다.

비봉면 내월리 큰길가에 비봉공원이 조성되었고, 오른편에 '일문구의사사적비'가 있었다. 멀리 천호산을 굽어보며 시냇물이 흐르고 있는 곳의 왕벚꽃나무에서 마지막 꽃비가 내리고 있었다. 교가의 구절처럼 내 나라 아름다운 강산을 지키기 위해 굳게 뭉쳐 독립운동에 온몸을 받친 한 가문의 9의사들이었다. 꽃 이파리들이 헌화를 뿌리고 있었다.

일문9의사사적비

'일문구의사사적비'는 거북좌대에 귀면 상을 조각한 머릿돌로 구성하고 좌우에는 열녀각도 있었다. 고흥유씨 가문의 일문9의사는 비봉면 내월리 출신이다. 1905년 을사조약이 늑결되자 1907년 유지명과 같이 의병을 일으켜 고산, 익산을 비롯한 전북 일대에서 적을 토벌하였다. 1909년 유지명이 체포되어 사형으로 순국하자 유치복을 중심으로 한 9의사는 경술국치 이후까지도 행적을 숨겨가면서 항일지하운동을 계속하였다. 이 사실을 탐지한 일본 경찰은 1910년 10월에 유치복을 체포하여 사형에 처했다. 1916년에 나머지 8의사가 체포되어 모두 10년 이상 징역형을 받아 옥고를 치렀다.

유연봉은 일본의 정치적, 경제적 침탈이 심화하여가자 이를 적극 저지할 것을 결심하였다. 1906년 10월 유현석 등 7명과 더불어 익산군 여산면 원수리 노상에서, 1907년 10월에는 한홍수의 집에서, 그리고 1906년 10월과 1907년 5월에 이봉승의 집에서 2 차례에 걸쳐 군자금을 모금하였다. 그 후 의진이 해산되고 고향에 돌아가 은거하던 중 이러한 사실이 적에게 알려져 일경에게 체포되었으며, 전주에서 12년 형을 받고 옥고를 치렀다. 유명석, 유태석, 유준석은 15년 형, 유영석 10년 형, 유연청, 유현석과 유연풍은 12년 형을 받고 옥고를 치렀다. 정부에서는 이들 고인의 공훈을 기리어

1990년에 건국훈장 애족장 (1983년 대통령 표창)을 추서하였다.

일문구의사선양사업회 유희태는 1982년 5월 9일에 고산유도회에서 고흥유씨현감공파 고산종중 토지에 일문9의사사적비를 세우고 공원을 조성하여 매년 11월 17일에 추모제를 열고 있다.

천명처럼 대를 이어야 하는 봉건적 사고방식이 지배적이던 시절, 목숨과도 바꾸어야 하는 독립운동을 아홉 형제가 모두 참여했다는 것은 감히 어떤 것과도 비교할 수 없는 일이다. 나라가 위기에 처했을 때 목숨을 담보로 하는 독립운동에 뛰어든 아홉 형제. 이들의 활동은 대한민국을 대표하는 독립운동이라 할 수 있다.

9의사와 많은 투사들이 지켜낸 고장 비봉은 봉황이 나는 고장인가. 푸른 산에 붉은 연산홍이 빛나는 비봉공원의 장승이 '어서옵소서'라고 장승이 독립투사인 듯 반겨준다. 한 가문에 아홉 명의 의사라니 아무나 흉내낼 수 없는 놀랍고도 놀라운 유씨 일문의 역사다.

천호길을 따라 천호성지를 찾았다. 지금의 아름다운 숲속이 공원으로 조성되기까지 온갖 고생을 마다하지 않은 신앙심에 저절로 마음이 숙연해진다. 이곳은 조선 후기 흥선대원군이 천주교도들을 대량 학살한 병인박해 당시 천주교도들이 피난처로 은거했던 곳으로 순교자들의 무덤이 봉안된 곳이다. 하얀 층층꽃나무 아래 붉은병꽃들이 반겨주었다. 편백숲의 의자에 앉아 눈을 감고 신앙을 지키며 순절했던 신앙인들의 기도에 동참했다. 부활성당과 기도처들의 건축물이 있고. 무덤이 봉안된 곳에서 기도를 올릴 수 있다. 숲속 공원의 기도하는 나무 산딸나무 아래에서 독립의지를 불태웠던 영령들께도 봉헌의 기도를 올렸다.

이름조차 알 수 없이 사라져가다.

완주군 경천면으로 가는 길. 오월 신록의 산들거림에 이팝나무의 꽃이 하얀 고봉밥처럼 보였다는 옛사람들의 마음까지 그려진다. 우리나라 동쪽의 도로는 산과 산을 잇는 것 같다. 경천면으로 가는 길도 운주면으로 통하는 대로가 산천을 시원하게 열어준다. 경천면에는 아름다운 호수가 있는데, 이 저수지도 일제가 농토를 적셔 쌀을 수탈하기 위해서 조성하였다. 저수지 옆의 도로가 나기 전에는 나무들이 물가에 서 있어서 아름다운 경치를 자랑하기도 했다. 저수지 아랫길로 계속 달리면 불명산 화암사로 가는 길이기도 하다. 완주독립운동추모공원이 있는 경천면 만수동 길은 바로 새로 난 용복 터널을 통과하여 왼편으로 난 길로 들어가면 바로 추모공원이 나온다.

'완주독립운동추모공원'이란 현판이 붙은 정문으로 들어선다. 이 공원은 완주 출신 독립운동가 장병구를 비롯한 29명을 추모하는 공원이다. 완주 출신 순국선열 빛 애국지사의 애국애족 정신을 고취하고 민족정기를 선양하기 위해 건립했다.

애국지사 백산 장병구선생의 구국비가 거북 받침돌에 무궁화를 머리에 이고 현충문 앞마당에 서 있다. 이 봄, 그들이 흘린 피보다 붉은 철쭉꽃이 환하게 피어서 계절의 충정을 피우고 있다. 옆의 석판에 새긴 추모시가 마음을 뭉클하게 한다.

장병구는 전북 전주군 출신이다. 1922년 5월 21일 전북 전주군 금당리에서 김영한, 김익환, 문병래, 김덕칠, 김명섭과 1원권 40,000여 매와 50전 지폐 3,000여 매를 인쇄한 것이 일경에게 발각되어 피체되었다. 1922년 12월 27일 전주지방법원에서 소위 통화위조로 징역 6년 형을 언도 받고 옥고를 치렀다. 정부에서는 고인의 공훈을 기리어 1992년 건국훈장 애국장을 추서하였다.

한옥 구조의 외삼문, 현충문 계단으로 오르면 먼저 만나는 탑이 '독립운동추모탑'이다. 등대 모양으로 우뚝 선 탑 앞의 향로 앞에 서서 묵념한다. 탑 뒤에는 석판에 독립선언문이 새겨져 있고 독립운동가 28인의 명판도 서 있다. '나는 조국의 광복을 위해 민족의 얼 - 이 한 몸 바쳤노라.'

그 옆에 '베트남참전기념탑'과 '6.25 참전기념탑'이 나란히 서 있다. 6.25와 베트남참전의 현대사를 겪어온 한 사람으로 전란의 위기의 어려웠던 한 시대를 떠올리며 목숨을 바친 영령들께 새삼스런 감사의 절을 올린다. 유족의 심정으로. 이렇게 살아남아 조국의 영광을 보게 해준 영령들이 아닌가.

공원은 전통적인 한옥 정원을 구상하여 한국의 정신을 담아 표현한 것 같아 거룩하게 보였다. 조용하게 산책하며 선열의 정신을 새기며 기원을 담아볼 수 있는 공원을 여태 찾지 못한 죄스러움조차 가지게 했다.

완주에서 만날 수 있는 독립운동의 기록이 모인 완주의 구국정신이 집적된 곳이다. 100년 전, 1919년 3월 24일 삼례장에 모였던 수백의 군중은 비옥한 만경평야에서 생산된 쌀을 삼례역을 통해 수탈해간 일본의 악랄한 행태를 기억한다. 2차 동학농민운동의 봉기가 시작되었던 역사적인 곳 완주 삼례시장과 동학농민혁명 기념광장, 비봉의 일문9의사의 독립운동 등 역사적인 기록이 곳곳에 있는 완주에서 봄을 맞으며 선열의 정신을 기리게 된 장소, 완주군독립운동추모공원이다. 민족의 진정한 자유와 행복을 구현했던 수많은 선열들. 이름조차 알 수 없이 사라져 간 영령들이 아직도 하늘에서 기원하리라. 이념적 편견 없이 본질적으로 하나 된 민족의 영원한 목표는 아직 이루어지지 않은 상태다. 인간 모두의 자유와 행복이 이루어지기를 기원한다. 기억되지 않는 역사는 반복되리라.

에필로그

낙엽을 밟으며

가로수 은행잎이 쌓이는 전주시의 팔달로는 가을의 정취를 물씬 자아내고 있다. 태어나면 가야 하는 이치는 모든 생명이 가는 길이라면서…. 바람결에 낙엽이 휘날린다. 바람 없이는 어디 멀리도 못 가는 것을. 〈낙엽따라 가버린 사랑〉의 노래가 떠나는 가을을 어찌나 아쉽게 하는지….

아이들이 한 단계 성장할 때마다 성장통이 있듯 생명이 자라는데 어찌 아픔이 없을까. 흔들리지 않고 꽃잎이 피지 못하듯, 꽃망울의 꿈이 자라서 빛나는 환희를 누리는 것으로 낙화할 때의 충격은 다 거두어들일 수 있을 게다. 또한 낙엽이 떨어지는 성장통은 생의 한 과정임을 어쩌랴. 늙어서도 나는 성장통을 앓는다. 사실 늙는다는 것은 슬픈 일이 아니다. 늙는다는 것은 성장하고 익어가는 과정이며 다 익은 뒤에는 떠날 수밖에 없는 것을….

올가을 단풍은 유난히 아름답게 물들었다. 가을이 늘 그랬겠지만, 올해는 더욱 그 단풍이 생경했다. 이것이 늙어가는 징조일까 익어가는 징조일까. 단풍색이 더욱 아름답게 보이는 것은 아마도 자연을 닮아서 자연으로 돌아갈 시간이 가까워져 오는 탓이지 않을까. 우연히도 가까운 단풍 숲을 찾아다녔던 것도 그런 마음이었는지도 모르겠다. 월악산 추억의 단풍길을 그리워하면서, 인생의 절정을 누볐던 시간을 상기해주는 것 같았다.

고샅을 지나다가 개나리 꽃가지를 꺾어서 내게 준 사람도 이 단풍철에 떠났고. 눈물 흘리며 작별했던 내 동생. 또 한 문우도 그 늦가을 단풍잎처럼 떠났지. 낙엽을 밟으며 새삼스레 먼저 간 사람들이 그리워서 노래를 들으며 잠깐 애수에 젖었다. 사실 자주 만날 수도 없는 처지지만 이 세상에 없다는 것은 다시는 볼 기회가 없다는 것 아닌가. 그 단절감이 이리도 마음을 쓸쓸하게 한다. 그렇게 우리는 아프면서 앞서거니 뒤서거니 하면서 인생 나그넷길을 가는 것인가 싶다.

다른 해도 항상 연말이면 다사다난했다는 말로 한 해를 보내는 아쉬움을 달랬다. 그러나 올해는 세계적 국내적으로 사건사고가 더 잦았던 한 해였다. 뉴스로만 알았던 세계에서 일어나는 전쟁 소식은 안타까웠다. 한국전쟁을 경험한 세대로서는 참혹한 이태원 참사 사건도 슬프기만 했다. 세월호 사건의 구호가 어느 거리에 아직도 남아 있건만, 축제의 장이 재난의 참사 거리로 기억되다니! 좋은 소식이라면 누리호 발사가 성공적이었다는 것과 월드컵 16강을 이룬 것으로 겨우 위안을 삼았다고 할까.

누가 그랬던가 '꽃이 지는 아침에는 울고 싶다고.' 아니 꽃이 지면 열매를 맺으니 희망이지만, 꽃피우지도 못한 채 떨어져버린 생명이 많았으니 애석하기 그지없었다. 낙엽이 떨어지는 때는 우리로 하여금 사유하게 한다. 가면 오는 사연이 있기에 그리 슬퍼하거나 쓸쓸하지 않아야 하는 마음도 챙겨야 하지 않을까.

떨어져 쌓이는 낙엽을 밟을 때면 떠난 사람들의 얼굴이 붉게 비쳐들어 나를 위로하는 것 같았다. 감사하게도…. 나무는 다음해 새 잎을 틔우기 위해서 겨울에는 벗은 몸으로 시련을 견디어낸다. 사람도 해를 거듭하면서 자신의 묵은 정신을 떨어트리며 새 정신의 잎을 키워야 하리라. 언제나 우리에게는 희망이 있다는 것. 희망을 잃어버린다는 것은 삶 자체를 잃어버리는 것이기에….

조윤수 수필집

기도하는 나무

인쇄 2023년 2월 16일
발행 2023년 2월 23일

지은이 조윤수
발행인 서정환
펴낸곳 수필과비평사
주소 서울시 종로구 삼일대로 32길 36(익선동 30-6 운현신화타워) 305호
전화 (02) 3675-3885 (063) 275-4000 · 0484
팩스 (063) 274-3131
이메일 essay321@hanmail.net
출판등록 제300-2013-133호
인쇄·제본 신아출판사

ISBN 979-11-5933-463-4 03810
값 13,000 원

Printed in KOREA

* 본 도서는 한국예술인복지재단 지원금 일부를 지원받아 제작되었습니다.